Elogios a *O Poder da Decisão*

"A abordagem de Steve não é apenas extremamente cativante, mas também causa impacto imediato na motivação e na produtividade. Trata-se de um livro altamente recomendável!"

— **Christina Harper Elgarresta**
Diretora executiva da Accenture

"*O Poder da Decisão* realmente oferece soluções. Se você está se esforçando para liderar e não apenas administrar; se está frustrado porque seus melhores resultados estão um pouco aquém do que planejou alcançar; ou se apenas está em guerra com sua agenda, este livro foi feito para você. *O Poder da Decisão* é um enfoque raro de alguns dos problemas mais complicados que obstruem o melhor fluxo de nosso trabalho. Mas você não deve acreditar nisso só porque estou dizendo. Adquira seu exemplar e logo estará encomendando outros para os demais membros de sua equipe."

— **Marshall Goldsmith**
Proeminente *coach* executivo dos Estados Unidos
(Revista *Fast Company*)

"*O Poder da Decisão* coloca o poder pessoal exatamente no lugar ao qual ele pertence — nas suas mãos. Siga os conselhos de Steve, e de imediato perceberá os benefícios que mudarão a maneira como você planeja, usa seu tempo e se relaciona com outras pessoas. Para mudar sua trajetória e começar a liderar em todos os aspectos de sua vida, tudo o que você precisa fazer é tomar uma decisão."

— **Mary Davis Holt**
— *Coach* de liderança, palestrante e
coautora do *best-seller* Break Your Own Rules

"Trabalhei com Steve e posso afirmar, por experiência própria, que sua abordagem causou um profundo impacto em todos os níveis de nossa organização. Seus métodos são intensamente perspicazes e tremendamente impactantes. Recomendo no mais alto grau o próprio Steve, sua abordagem e este livro!"

— **Luc Robitaille**
Presidente de operações comerciais,
Los Angeles Kings Hockey Club

"Em O *Poder da Decisão*, Steve McClatchy nos mostra que podemos realizar coisas incríveis harmonizando o que queremos conseguir com a maneira como utilizamos nosso tempo. Não importando o setor ou o cargo desempenhado pelo leitor, serão alcançados autênticos benefícios com base nas recomendações de Steve. Este é um guia altamente prático!"

— **Valerie Sutton**
Diretora de serviços de carreira,
Harvard Graduate School of Education

"Como disse o falecido professor Randy Pausch: 'O que importa não é quanto tempo você vive, e sim a qualidade da sua vida'. O *Poder da Decisão* mostra como todos nós podemos viver uma existência mais significativa e produtiva apenas tomando melhores decisões. Convido você — e sua equipe — a recuperar o controle sobre seu tempo e empreendimentos, ao ler este livro essencial."

— **Navi Radjou**
Palestrante, consultor e autor de *best-sellers*,
entre eles, *Jugaad Innovation* e *From Smart to Wise*

"A liderança de qualidade superior envolve fazer escolhas inspiradas e inteligentes. Com novas histórias e sugestões, McClatchy expande essa ideia, recomendando hábitos cotidianos que líderes de todos os níveis poderão usar em seu benefício imediato. O *Poder da Decisão* é uma leitura que vale mesmo a pena, a respeito de um tema essencial."

— **Douglas R. Conant**
Chairman da Avon Products, fundador da Conant Leadership e autor do
best-seller TouchPoints, da lista do *New York Times*

"Seu sucesso como líder será tão admirável quanto forem suas decisões. McClatchy lhe mostra como tomar diariamente as decisões que farão de você e seu negócio um modelo contínuo de prosperidade."

— **Elizabeth Walker**
Vice-presidente da gerência de talentos globais,
Campbell Soup Company

"Se sua intenção é aproveitar a vida, e não apenas evitar a dor que com frequência vem com ela, O *Poder da Decisão* é o livro ideal para você. Steve McClatchy nos faz lembrar que, para alcançar algo importante, temos que nos concentrar em coisas que tenham importância. Este livro está repleto de uma sabedoria prática que lhe possibilitará eliminar o esgotamento e levar equilíbrio à sua vida — além de encontrar um caminho que valha a pena ser seguido. Recomendo-o vigorosamente."

— **Jim Kouzes**
Coautor de *The Leadership Challenge*,
acadêmico altamente reconhecido no campo da liderança
e executivo experiente, Leavey School of Business,
Universidade Santa Clara

Steve McClatchy

O PODER DA DECISÃO

Impacto no Trabalho
Redução do Estresse
Liderança Inteligente

Tradução
CLAUDIA GERPE DUARTE
EDUARDO GERPE DUARTE

Editora
Cultrix
SÃO PAULO

Título do original: *Decide – Work Smarter, Reduce Your Stress, and Lead by Example.*
Copyright © 2014 Steve McClatchy.
Publicado mediante acordo com John Wiley & Sons, Inc.
Copyright da edição brasileira © 2016 Editora Pensamento-Cultrix Ltda.
Texto de acordo com as novas regras ortográficas da língua portuguesa.
1ª edição 2016.
Todos os direitos reservados. Nenhuma parte desta obra pode ser reproduzida ou usada de qualquer forma ou por qualquer meio, eletrônico ou mecânico, inclusive fotocópias, gravações ou sistema de armazenamento em banco de dados, sem permissão por escrito, exceto nos casos de trechos curtos citados em resenhas críticas ou artigos de revistas.

A Editora Cultrix não se responsabiliza por eventuais mudanças ocorridas nos endereços convencionais ou eletrônicos citados neste livro.

Editor: Adilson Silva Ramachandra
Editora de texto: Denise de Carvalho Rocha
Gerente editorial: Roseli de S. Ferraz
Preparação de originais: Alessandra Miranda de Sá
Produção editorial: Indiara Faria Kayo
Editoração eletrônica: Fama Editora
Revisão: Nilza Agua

Dados Internacionais de Catalogação na Publicação (CIP)
(Câmara Brasileira do Livro, SP, Brasil)

McClatchy, Steve, 1968- .
 O poder da decisão : impacto no trabalho, redução do estresse, liderança inteligente / Steve McClatchy ; tradução Claudia Gerpe Duarte, Eduardo Gerpe Duarte. – São Paulo : Cultrix, 2016.

 Título original: Decide : work smarter, reduce your stress and lead by example
 ISBN 978-85-316-1365-4
 1. Administração 2. Liderança 3. Motivação (Psicologia) 4. Solução de problemas 5. Tomada de decisão I. Título.

16-05311   CDD-153.83

Índices para catálogo sistemático:
1. Tomada de decisões : Psicologia 153.83

Direitos de tradução para o Brasil adquiridos com exclusividade pela EDITORA PENSAMENTO-CULTRIX LTDA., que se reserva a propriedade literária desta tradução.
Rua Dr. Mário Vicente, 368 – 04270-000 – São Paulo, SP
Fone: (11) 2066-9000 – Fax: (11) 2066-9008
http://www.editoracultrix.com.br
E-mail: atendimento@editoracultrix.com.br
Foi feito o depósito legal.

*Dedico este livro a Lynn, Grace, Amy, Kyle e Kelly,
por serem a razão pela qual eu trabalho arduamente,
volto correndo para casa e abro um sorriso.
Obrigado pela confiança, pelo apoio e pelo amor abundante.
Este livro é para vocês.*

Sumário

Prefácio.. 9
Introdução.. 13

Capítulo 1 Duas formas de motivação humana: Ganho e
prevenção da dor 17
Prevenção da dor: tenho que fazer isto! 22
Tenho realmente que fazer isto? 23
Atributos de uma tarefa de ganho 26
Administração *versus* liderança 32
O único exercício que pedirei que faça neste livro...
brainstorming! 34

Capítulo 2 A decisão é sua: Evite o esgotamento e crie equilíbrio 37
Então, por que dedicar-se ao ganho? 39
O paradoxo do equilíbrio 41
O ganho é a resposta para a crise do equilíbrio 45
Ganho e prevenção da dor precisam trabalhar juntos 49

Capítulo 3 Priorização de tarefas em função dos resultados..................... 51
Uma nova maneira de estabelecer prioridades 55
Por que é importante estabelecer prioridades? 59
Concentre-se nos resultados 62
Instintos de sobrevivência 66
Decompondo o ganho: criação *versus* consumo 68

Capítulo 4 Energia e motivação: Decida como você vai obtê-las 71
O que seu cérebro pode fazer por você? 74
Energia proveniente do desejo: criação e consumo 79
Energia proveniente do medo: procrastinação 84
O julgamento final da procrastinação 90

Capítulo 5 O que a compreensão do valor do tempo pode fazer pela sua vida.. 95
O valor de um minuto 100
Entendendo para onde vai nosso tempo 102
Tome melhores decisões a respeito do seu tempo 104
Você realiza o ganho colocando suas metas na agenda 106
Por que isso funciona? 108
Colocando as metas na agenda: primeiros passos 110
Você precisa de alguns exemplos? 112
Um salto de fé 115
Não acrescente mais tarefas em uma agenda já lotada 118

Capítulo 6 Planejamentos mensal, semanal e diário............................ 121
Não tem tempo para planejar? 126
Os benefícios de um plano de cinco minutos 127
Crie um hábito 134

Capítulo 7 Administração de interrupções 137
Atenha-se ao trabalho envolvido 141
Conduza a conversa interrompendo a si mesmo 144
Estabeleça expectativas 145
Recupere-se e volte ao trabalho! 145
Interrupções do trabalho dentro e fora de sua programação 147
Retribua o favor 148

Capítulo 8 Como administrar tudo: Implementação da administração do tempo.. 149
Organização dos recursos de informação 152

Por que se organizar? 153
Decida-se e comprometa-se 156
Segredos do uso eficaz de um sistema de administração do tempo 158
O que seu sistema precisa fazer 160
Sistema de administração de tarefas: listas de coisas a fazer 161
A agenda 168
Elas funcionam juntas 170
Ser pontual *versus* estar atrasado 172
Administração de informação: contatos e anotações 174
Examine apenas uma vez 177

Capítulo 9 Entre em ação 179
O poder de suas decisões 181
Decisões são como regras 182
Suas decisões determinam quem você é 183
Você toma decisões de liderança? 185
Não é uma competição 185
Construção de sua identidade de líder 189
Não pense a respeito. Apenas *faça!* 190
Você trabalha demais para não obter os grandes resultados que merece 192

Notas 195
Agradecimentos 197
Sobre a Alleer Training e o trabalho de consultoria com os clientes 200

Prefácio

O conteúdo deste livro foi apresentado nos últimos doze anos para alto executivos bem como para estudantes do ensino médio, universitários e pessoas em todos os estágios da vida. Trata-se de uma mensagem de liderança que pode ser útil a todos, pois todos temos a oportunidade de nos tornar um líder, seja de uma equipe de profissionais ou da nossa própria vida.

O Poder da Decisão tem como objetivo ajudar as pessoas a progredir nos negócios e na vida, ensinando como tomar as melhores decisões com base nos verdadeiros resultados que desejam alcançar. Ele analisa o que nos impele a fazer as coisas que fazemos todos os dias. Explica que aquilo que não temos a menor obrigação de fazer é o que mais importa para nos definir como líderes e como indivíduos. Explica como podemos alcançar o equilíbrio na vida ao tomar melhores decisões, em vez de esperar que um empregador as tome por nós. Apresenta um panorama sobre as diferentes maneiras de produzir a energia que precisamos para chegar ao fim de cada dia — o que envolve realizações e a procrastinação — e nos desafia a escolher como obter nossa própria energia. Apresenta a interpretação do valor do tempo a partir da perspectiva do custo de oportunidade e de como a compreensão desse valor determinará como passaremos nossa existência. Oferece ainda conselhos valiosos sobre estabelecimento de prioridades, planejamento, administração de interrupções e organização, no intuito de oferecer habilidades práticas da vida real a serem aplicadas a fim de fazer mais em menos tempo, reduzir o estresse e concluir o que tem de ser feito, para se ter mais tempo para as coisas que fazem a vida valer a pena. E, por fim, o livro apresenta uma explicação de como nossos hábitos na tomada de decisão moldam nossa vida e relacionamentos no longo prazo.

Este projeto é o ápice de muitos anos de criação de conteúdo, desenvolvimento de ideias, apresentações ao vivo, pesquisas de opinião e *brainstorming* de audiências, pesquisas acadêmicas, além de um exame profundo dos temas de administração do tempo e liderança pessoal. Passei muitos anos no segmento de desenvolvimento de talentos porque acredito na missão de ajudar as pessoas a pensar e refletir a respeito de seus valores; a assumir a responsabilidade pela própria vida; a recuar um passo e fazer uma recalibragem quando uma nova direção se faz necessária; e a fornecer a estrutura dentro da qual as pessoas possam avaliar suas decisões, rumo e visão de futuro.

Acredito também no poder desse segmento em auxiliar empresas na formação de uma visão, missão, cultura comum e propósito significativo, bem como nos roteiros para realizar tudo isso. O desenvolvimento de funcionários como parte da missão da empresa tem sido associado a mais felicidade entre funcionários, mais satisfação entre clientes, e a maior fidelidade de ambos. Esses indicadores melhoram não apenas o bem-estar geral da organização, mas também a produtividade e o resultado final. Depois de participar de meus programas de liderança, os clientes relataram mais envolvimento, mais fidelidade e intensificação da cultura corporativa. A liderança é essencial para que as empresas sobrevivam e prosperem neste mundo em rápida transformação. Acredito especialmente que minha definição de *liderança* como "aprimoramento" seja necessária nos negócios e na vida. Sem um aprimoramento constante, as organizações começam a ficar para trás e a se extinguir. Na condição de indivíduos, o mesmo se aplica. A liderança pessoal, a busca do ganho e a adesão aos valores é o que nos tira da rotina, possibilitando crescimento e aprimoramento ao longo do tempo.

Liderança e progresso exigem tempo, energia e compromisso. Mas o tempo continua a passar, quer você o use para realizar alguma coisa que valha a pena ou não. Se suas decisões a respeito da vida e de como você usa seu tempo não refletirem um esforço para tornar o futuro melhor do que ele é hoje, ele de fato não será. Buscar o ganho, fazer escolhas proativas e examinar as consequências de suas ações, ou inações, com relação a funcionários, família, colegas, amigos e filhos definem-no como líder, porque você está melhorando as coisas e determinando o que o futuro pode ser, em vez de deixá-lo entregue ao acaso.

Minha paixão pelo cultivo da liderança em todos os níveis me levou a desenvolver este material e apresentá-lo a milhares de pessoas todos os anos. Depois de ouvir pessoas no mundo inteiro contarem suas experiências com liderança, posso afirmar que os líderes de fato fazem a diferença. Portanto, espero que você decida ser um líder e fazer a diferença, e espero que este livro lhe mostre como realizar isso.

Se, depois de lê-lo, você tomar a decisão de se empenhar em progredir na sua vida, avançando rumo a um futuro mais emocionante e envolvente, então *O Poder da Decisão* terá alcançado seu propósito.

Introdução

Dezesseis de setembro sempre foi um grande dia na minha infância. Uma vez por ano, todos os anos, durante pelo menos dezoito anos, era o único dia em que eu podia decidir o que iria comer no jantar. Era o meu aniversário.

Com doze filhos, um marido e vários convidados em casa todas as noites, minha mãe teria ficado louca se atendesse a pedidos e tentasse agradar todo mundo. Sendo assim, todos os dias, ela examinava a despensa e tomava por si própria a decisão a respeito do que a família comeria naquela noite. A única vez em que isso não acontecia era quando alguém fazia aniversário. Nesse dia, o tapete vermelho era seu, e todo mundo tinha que comer *seu* prato favorito no jantar. Lembro-me de qual era o prato favorito de cada pessoa, bem como do olhar de orgulho e satisfação no rosto de cada uma quando ele era servido. Lembro-me também das negociações, raramente bem-sucedidas, que eu e meus irmãos empreendíamos para tentar influenciar o aniversariante. Todos compreendiam o valor da oportunidade que tinham diante de si. Ninguém era ingênuo a ponto de deixar essa sensação de poder e liberdade de escolha passar em branco por mais um ano.

Para nossa sorte, as refeições, embora não fossem democraticamente escolhidas, eram sempre agradáveis — e sempre bem recebidas como algo que não precisávamos fazer com as próprias mãos. O fato era que todos nós tínhamos que fazer muita coisa, desde pequenos, já que a família era bem grande. Só para constar, mamãe era uma pessoa justa e acreditava no livre-arbítrio, de modo que nos 364 dias do ano em que a escolha da refeição não era sua, um prato alternativo ou leite com cereais estavam sempre disponíveis. Você era obrigado a se sentar à mesa com todo mundo, mas sua tigela com cereais era a declaração de individualidade que satisfazia até mesmo a criança mais mal-humorada entre nós.

Mamãe não fazia a escolha como um lembrete de quem estava no comando. Ela tinha limitações: tempo, orçamento, apenas duas mãos e uma única cozinha. Felizmente, não precisava lidar com nenhuma espécie de alergia alimentar, mas não havia escassez de opiniões fortes. Quase todas as noites tinha alguém que escolhia o prato com cereais.

Quando me dei conta de que iria para a faculdade, fiquei animado com a perspectiva de independência que eu teria morando em um dormitório. Sabia que teria muitas escolhas disponíveis com relação a escolas, disciplinas de especialização, como usar meu tempo depois que eu estivesse lá, e assim por diante. Mas tive que rir na primeira vez que fui à cantina do *campus* e descobri que havia um cardápio predeterminado a cada dia, e um grande dispensador de cereais no final da fila das bandejas, para o caso de você não gostar do que eles ofereciam.

Aquela onda de orgulho e liberdade proveniente da autoridade de fazer as próprias escolhas, de tomar as próprias decisões, é uma sensação poderosa. Até mesmo quando crianças, reconhecemos o poder de ter escolhas. Obviamente, à medida que amadurecemos, o processo de tomar decisões se desloca do que um dia consideramos um privilégio valorizado para uma importante responsabilidade. Isso em geral acontece à medida que a consequência dessas decisões torna-se mais séria e duradoura. Quanto mais sérias as decisões que tomamos, mais os resultados começam a afetar outras pessoas, como nossa família ou nossos funcionários. Mais cedo ou mais tarde, tomar decisões pode chegar a ser um fardo, a ponto de você, às vezes, desejar que outra pessoa lhe diga qual será sua próxima ação ou objetivo e como chegar lá... ou pelo menos que decida qual vai ser seu jantar.

Embora a maioria das decisões que tomamos resulte na boa escolha de uma refeição ou envolva assuntos igualmente insignificantes, algumas causam um impacto significativo em nossa vida. Todas elas merecem quantidades equivalentes de tempo e atenção? Como decidir como priorizá-las? Você sabe por onde começar quando chega a hora de tomar uma decisão crucial?

Deixe-me fazer a você outras perguntas importantes: Como você se sente a respeito das grandes decisões que tomou até agora? E a respeito das escolhas do dia a dia que afetam sua vida cotidiana? Você sente que sua vida está equilibrada? Você tem bastante tempo para lidar com coisas importantes, ou está sempre patinando no mesmo lugar, tentando se manter em dia? Você sabe estabelecer prioridades e planejar com eficácia, para realizar mais em menos tempo? Tomar melhores decisões pode produzir resultados melhores? Você sabe como sair da administração e ir para a liderança? Está completamente envolvido com sua carreira e suas metas? Você encontra maneiras de melhorar seu negócio e sua vida enquanto administra e mantém o negócio diário de simplesmente *ser você*? Este livro lhe mostrará que essas coisas não apenas são possíveis, como também, na verdade, são *necessárias* para evitar o esgotamento, manter a felicidade e fazê-lo se tornar um líder eficaz no seu negócio e na vida.

Capítulo 1

Duas formas de motivação humana

Ganho e prevenção da dor

Daqui a vinte anos, você estará mais arrependido pelas coisas que não fez do que pelas que fez. Então solte suas amarras. Afaste-se do porto seguro. Agarre o vento em suas velas. Explore. Sonhe. Descubra.

— Mark Twain

Que decisões ou atividades produzem resultados significativos em nossa vida? Estamos dando a elas tempo e atenção suficientes? Quais das numerosas coisas que fazemos todos os dias efetivamente nos conduzem para a frente, e quais nos mantêm apenas patinando no mesmo lugar?

De acordo com a psicologia popular, todos temos as mesmas razões para executar as centenas de tarefas que executamos diariamente. Muitos estudos de psicologia concordam com o fato de podermos dividir todas as fontes de motivação humana em duas categorias: voltar-se para o ganho ou para a prevenção da dor. Todas as vezes que você se sentiu impelido a fazer *qualquer coisa* — dar um telefonema, se levantar do sofá, gastar dinheiro, ir trabalhar, viajar —, foi motivado a se voltar para algo que deseja (ganho) ou para algo que quer evitar perder (prevenção da dor).

Podemos ilustrar esse conceito de modo prático em qualquer setor de sua vida: na saúde, nas finanças, na alimentação, na carreira/trabalho, e até mesmo com relação à família e aos *hobbies*. Vamos examinar primeiro o setor de saúde. Você se exercita regularmente, toma vitaminas ou remédios; ou marca consulta com médicos para fazer um *check-up* ou quando acha que está doente? Todas as vezes que esteve motivado para fazer qualquer coisa a respeito de sua saúde, ou foi para ter um ganho nesse setor (ficar mais saudável do que está agora, perder peso, baixar os níveis de colesterol, tonificar os músculos, curar lesões) ou para prevenir a dor (evitar um mal-estar, o aumento de peso, uma doença, deterioração muscular e assim por diante). Às vezes, você pode ter *ambas* as motivações para fazer algo; por exemplo, pode se exercitar para perder peso *e* para evitar problemas no coração.

E quanto às finanças? Todo mundo já esteve motivado pelo dinheiro em algum momento da vida. Você está tentando ter um ganho nesse setor com a obtenção de uma promoção e um aumento de salário; ou fazendo um investimento lucrativo ou aumentando sua poupança? Ou quem sabe esteja tentando prevenir a dor — em outras palavras, evitando perder o dinheiro que tem — ao fazer um seguro, juntar cupons de desconto, solicitar uma bolsa de estudos ou uma doação, refinanciar sua casa ou procurar um lugar mais barato para morar?

Temos então, é claro, comida e alimentação. Às vezes você quer ganhar uma requintada experiência no jantar ou experimentar um novo tipo de culinária. Outras vezes, está com muita fome ou ocupado demais para isso e precisa apenas comer alguma coisa para não ficar com dor de estômago ou de cabeça e resolver logo o assunto para poder voltar ao trabalho.

A questão do ganho *versus* dor também se aplica aos negócios. Pergunte a si mesmo: O propósito de sua reunião semanal é identificar novos clientes-alvo ou descobrir como melhorar o processo de fazer novos pedidos? Ou será que você usa esse encontro para revisar protocolos de reuniões e falar a respeito de atrasos de funcionários ou da situação do estoque? É uma reunião de ganho, que levará seu negócio para a frente, ou uma reunião de prevenção da dor, que tem o intuito de apenas evitar que você fique para trás?

Pense em qualquer motivação que você tenha tido recentemente com relação à sua carreira. Ela estava mais focada em tarefas de ganho, que beneficiariam sua carreira no longo prazo, como fazer um mestrado ou doutorado, obter um certificado de especialização ou fechar uma transação importante que lhe daria uma chance de ser promovido? Ou você está pensando mais em como evitar a próxima rodada de demissões que podem estar para acontecer ou no que precisa ser feito para atender às expectativas na sua próxima avaliação de desempenho?

Ou o ganho ou a prevenção da dor o empurram rumo a completar cada decisão que você toma e cada atividade a que você se dedica. E, embora possa ser uma combinação de ambos, um deles é sempre maioria. Você tem 51% ou mais de uma dessas motivações impelindo-o em direção a uma tarefa específica. A diferença mais importante entre os dois são os resultados que produzem.

As tarefas para as quais você é impelido pelo ganho produzem mais resultados positivos significativos na sua vida e no seu negócio do que as tarefas para as quais você é impelido pela prevenção da dor.

A pergunta imediata que você deve estar se fazendo é: Por quê? Quando você está pensando no ganho e está sendo motivado pelo ganho, está se concentrando em alguma coisa que você *quer*. Está tentando descobrir como produzir um resultado que você *deseja* na sua vida. Não está pensando em perder alguma coisa ou em manter o *status quo*. Você está trabalhando para conduzir sua vida adiante, a partir de onde ela está agora, levando em consideração como *deseja* que sua vida seja — e isso é estimulante! O ganho lhe confere um foco, uma direção a ser seguida.

Não são esses os pensamentos que passam pela nossa cabeça quando executamos as tarefas cotidianas de prevenção da dor, como pagar as contas e lavar a roupa. Roupas lavadas e limpas não são algo que *desejamos* na vida. Quando lavamos a roupa, estamos prevenindo a dor de não ter roupas limpas para vestir. Do mesmo modo, pagar as contas previne a dor de ter a luz cortada ou de ter que pagar juros por atraso no pagamento à empresa de cartão de crédito. Mas, quando nos concentramos em um ganho, a coisa é diferente. Ele faz com que nos voltemos para algo que *desejamos*, algo que tornará nossa vida melhor. E esses resultados são muito mais importantes para nossa vida do que os produzidos pelas tarefas que previnem a dor.

Pense por um minuto em alguma coisa que você adoraria fazer ou obter na vida que ainda não fez ou não obteve. Não existe uma resposta certa ou errada; trata-se de algo exclusivamente seu. Você sempre sonhou em fazer um MBA ou um doutorado, participar de uma maratona até o fim, aprender um novo idioma, escrever um livro, abrir um negócio, criar uma fundação ou restaurar um carro antigo? E quanto a aprender um novo esporte, viajar para países estrangeiros ou pesquisar sua árvore genealógica? E que tal comprar sua primeira casa, ter uma propriedade para investimento ou se candidatar a um cargo político? Pense em uma coisa que se destaque entre todas as outras. O que você mais gostaria de fazer na vida que ainda não fez?

Agora responda: Você diria que essa meta ou realização envolve voltar-se para alguma coisa que você quer ou evitar a perda de algo que você tem? Para a maioria das pessoas, ela envolve o *ganho*. Poucas pessoas, quando se pede a elas que identifiquem algo que adorariam fazer na vida, falam a respeito de pagar a conta de luz ou preencher um relatório de despesas. *Quando pensamos a respeito das coisas que queremos realizar na vida, estamos pensando sobre ganho.* Pense em como seria sua vida se você completasse com êxito essa tarefa de ganho. Ela o deixaria orgulhoso, lhe conferiria um sentimento de realização e lhe traria lembranças felizes? Sua vida seria melhor do que é hoje?

É nisso que consiste o ganho: melhorar a vida e avançar. O ganho diz respeito às experiências e realizações que você *deseja* ter como parte de sua vida.

PREVENÇÃO DA DOR: TENHO QUE FAZER ISTO!

As tarefas relativas à prevenção da dor apenas nos impelem a fazer o que temos que fazer. Há um velho ditado que diz que as únicas certezas que temos na vida são a morte e os impostos. No entanto, tenho certeza de que, se eu lhe perguntasse o que você precisa fazer hoje (ou em qualquer outro dia) para continuar a viver, você teria uma lista muito mais longa.

Todo mundo tem responsabilidades; algumas pessoas mais do que outras, em função da idade, do emprego, da família e assim por diante. Existem muitas responsabilidades do tipo "ter que fazer", que simplesmente acompanham o fato de você receber um salário; afinal de contas, seu empregador está pagando seu salário para que você execute determinadas tarefas. Se você estiver na escola, terá que estudar e tirar proveito da oportunidade de aprender e se preparar para o futuro. Coisas como ter casa própria, um carro e até mesmo um animal de estimação são acompanhadas de grandes responsabilidades. Criar os filhos encaixa-se em uma categoria própria quando se trata de assumir responsabilidades e todas as tarefas do tipo "ter que fazer" que as acompanham. Algumas responsabilidades, como lidar com uma doença ou uma lesão, podem chegar a você sem seu consentimento; você pode ter concordado com outras delas; e algumas, ainda, podem ter surgido como resultado indireto de suas decisões.

Não importa quantas tarefas do tipo "ter que fazer" você tenha na sua programação, você sempre poderá preencher o seu dia com elas. Sempre há alguma coisa para consertar, conservar, limpar, alimentar, acompanhar, pagar ou cuidar. O motivo pelo qual as tarefas de prevenção da dor são incessantes é que elas nunca realmente desaparecem; apenas acabam se repetindo com o tempo. Por exemplo, você na realidade não elimina lavar a louça da sua lista de coisas a fazer; você apenas desloca a atividade para o fim da lista, porque na noite seguinte terá que lavá-la de novo, assim como vai checar o e-mail ou fazer a contagem do estoque. Você não elimina esses itens; apenas os desloca para o fim da lista, porque em algum momento eles voltarão. Tarefas como pôr gasolina no carro, lavar a roupa e ir ao supermercado têm que ser executadas repetidamente porque as coisas necessárias para a manutenção da sua vida nunca terminam. Se você se concentrar sempre em executá-las e prevenir a dor, não vai estar diante de um ganho; vai acabar se vendo sem nenhuma dor e, infelizmente, também sem nenhum progresso.

As tarefas de prevenção da dor são acompanhas por vários graus de urgência. Você precisa concluir algumas; por exemplo, determinada incumbência no trabalho, de acordo com o prazo final. Outras, como limpar a casa, têm um pouco mais de flexibilidade em termos de prazo para concluí-las; é sua responsabilidade executá-las em algum momento ou lidar com as consequências de deixar de completá-las. Existe uma coisa que todas as tarefas do tipo "ter que fazer" têm em comum, que é a nossa definição de *ter que fazer*: um "ter que fazer" (ou tarefa de prevenção da dor) é qualquer tarefa ou atividade que, se negligenciada, outra pessoa chamará sua atenção a respeito dela.

Por exemplo, digamos que alguém esteja esperando que você complete uma tarefa. Se não completá-la, quem está esperando acabará interpelando você no elevador, dando um telefonema, enviando um e-mail, parando você no corredor, enviando um lembrete pelo correio ou até mesmo batendo à sua porta e perguntando: "Ei, você teve tempo para...?" Quer essa pessoa seja um gerente, colega, cliente, membro da família, vizinho, colega de quarto, credor ou qualquer outra, ela vai querer saber se você fez o que deveria ter feito. Essa é a natureza de uma tarefa do tipo "ter que fazer", ou de prevenção da dor. A dor que você deveria ter evitado acabará indo visitá-lo se você não executar a tarefa.

TENHO REALMENTE QUE FAZER ISTO?

Quando digo "ter que fazer", você pode pensar: "Eu não *tenho* que fazer nada; sou uma pessoa livre!" De fato, não há dúvida de que a decisão a respeito de completar ou não essas tarefas *cabe* tecnicamente a você. No entanto, se decidir *não* executá-las, você terá que enfrentar as consequências dessa decisão. Por exemplo, se decidir que vai parar de pagar o aluguel ou o financiamento da casa, terá que lidar com as consequências de não poder mais morar na sua casa e, possivelmente, de não ser capaz de conseguir outra por ter destruído suas possibilidades de crédito. Sendo assim, ou você tem que pagar, ou terá que lidar com o que vai acontecer se não o fizer. As consequências são a dor que você tenta evitar quando completa uma tarefa de prevenção da dor.

Embora eu duvide de que alguém queira correr o risco de se tornar um sem-teto, algumas tarefas de prevenção da dor inacabadas têm consequências menos graves, que você poderá escolher aceitar em vez de executá-las. Por exemplo, se seu vizinho bater à sua porta e disser: "Ei, seu jardim agora é a Floresta Amazônica? Quando você vai cortar a grama?", você poderia responder de várias maneiras, entre elas: "Oi, obrigado por me lembrar, *mas nunca mais eu vou cortar a grama!* O jardim é meu e eu faço com ele o que bem entender!" Você tomou a decisão de parar de cortar a grama, de não completar a tarefa de prevenção da dor. Mas agora a dor que não foi prevenida começará a chegar: seu jardim ficará malcuidado, e você não poderá usá-lo para nada; sua grama vai secar; e seu relacionamento com os vizinhos certamente padecerá. Se deixar a grama crescer demais, seus filhos ou animais de estimação poderão até se perder nela! Se você for capaz de conviver com essas consequências, poderá então escolher essa linha de ação, mas, de qualquer modo, cortar a grama é uma tarefa do tipo "ter que fazer" ou de prevenção da dor, porque você tem que executá-la ou lidar com as consequências de não executá-la.

É assim que você pode distinguir entre as tarefas de ganho e as de prevenção da dor. Não existe nenhum "ter que fazer" em uma tarefa de ganho, porque não há consequências se você optar por não buscar o ganho em sua vida.

No entanto, são as tarefas de ganho, as coisas que você *nunca* tem que fazer, que produzirão os resultados positivos mais significativos na sua vida e no seu negócio. As coisas parecem estar na ordem inversa, não é mesmo? O normal seria pensar que, se algo é necessário, você deveria ser parabenizado por fazê-lo. Mas não é assim que as coisas funcionam. Se continuar a fazer apenas o que é necessário para sobreviver todos os dias, tudo o que conseguirá é se prevenir da aproximação da dor. Para levar sua vida ou seu negócio para a frente a partir de onde está hoje, tendo em vista um aprimoramento, você precisa fazer algo extraordinário — algo que não tinha a menor obrigação de fazer. Você precisa buscar o ganho.

Pensei pela primeira vez nesse conceito quando estava prestes a me formar na faculdade. Havia me saído relativamente bem, mas não tinha as notas mais altas da minha turma de graduação. Além de estudar, fazer provas e trabalhos escritos, eu jogava futebol e, em grande parte do tempo, era voluntário em vários grupos. Em particular, fui *big brother** de um excelente garoto da cidade desde o meu primeiro ano na faculdade. Sempre apreciei e fui grato pelo fato de ter escolhas. Em decorrência, achei que uma grande maneira de ocupar meu tempo extra seria oferecendo escolhas positivas a um garoto que, normalmente, não teria nenhuma. Passei bastante tempo com ele praticando esportes, indo ao cinema e ajudando-o com o dever de casa, entre outras coisas.

À medida que a colação de grau se aproximava e eu me esforçava para terminar trabalhos e fazer provas, como todo mundo, recebi um telefonema surpreendente da Comissão de Formatura. Tinham me escolhido como orador do discurso de despedida da turma na cerimônia de colação. A comissão, que era formada por membros do corpo docente, orientadores e alunos, não me escolheu por causa das minhas notas nas provas nem habilidades acadêmicas. Informaram-me que eu havia sido escolhido devido a todas as coisas extras que eu tinha feito durante a faculdade, que eu *não tinha obrigação de fazer*, como participar do programa Big Brother, atuar no diretório acadêmico e apresentar meu próprio programa de rádio do *campus*. Nenhuma das atividades que eles mencionaram era necessária para que eu me formasse.

Na ocasião, aquilo me impressionou como sendo algo bem estranho. Alguns alunos da minha turma tinham notas mais altas do que eu e estavam obtendo um desempenho melhor no que era *requerido* para a graduação, mas não haviam sido escolhidos para essa grande distinção. Em vez disso, a comissão me escolheu por causa de todas as coisas que eu *não tinha* nenhuma obrigação de fazer!

---

* Nos Estados Unidos, quando alguém diz que é um *big brother* (ou *big sister*) de alguém, essa pessoa está se referindo à organização sem fins lucrativos Big Brothers Big Sisters of America. O objetivo dessa organização é ajudar crianças carentes a atingir seu potencial por meio do relacionamento com mentores voluntários, que são seus "padrinhos" (*big brother* ou *big sister*). A organização existe também em outros países do mundo. (N. dos T.)

Quanto mais tempo passava pensando nisso, mais eu começava a entender. Todos tinham que passar nas matérias para se formar, e muitos alunos possuíam notas altas, mas isso não era suficiente para diferenciá-los de qualquer outra pessoa. Tinha sido o ganho que eu havia buscado o que me distinguira dos colegas. Tinham sido as decisões que havia tomado a respeito de como gastar o meu tempo e a minha energia que tinham formado minha identidade. Quando as pessoas da comissão pensaram em mim, não estavam se perguntando: "Ele está em dia com o que tem para fazer?"; eles apenas se perguntavam: "O que há de diferente nele? Que escolhas ele fez? O que ele fez que não tinha que fazer?"

Essa experiência e essa maneira de me distinguir sempre permaneceram comigo. Elas forneceram um indício do poder e dos resultados positivos e significativos que podem ocorrer quando decidimos fazer mais do que apenas aquilo que temos que fazer. Esses resultados só podem proceder do ganho.

ATRIBUTOS DE UMA TAREFA DE GANHO

Se examinarmos os atributos de uma tarefa de ganho, poderemos discernir exatamente que tarefas podem ser rotuladas de ganho e quais podem ser rotuladas de prevenção da dor. Esse exame também o ajudará a descobrir como você se sente quando está executando cada uma delas. (Dica: você logo verá por que uma delas faz você se sentir *realizado*, enquanto a outra apenas o faz se sentir *ocupado*.) Uma vez identificados esses atributos, poderemos examinar os resultados alcançados ao despendermos tempo executando cada tipo de tarefa. Será possível, então, considerar se essa diferença de resultados poderia influenciar as decisões que você toma com relação à maneira como usa seu tempo.

1. Uma tarefa de ganho *nunca é urgente*

A urgência é um grande motivador humano. O simples fato de *rotular* algo de urgente já faz as pessoas ficarem em estado de alerta e se estressarem a respeito do que podem ter deixado escapar e do que é obrigação imediata. Mas, quando se trata de resultados, a urgência por si só não é capaz de resolver tudo. Ela não é um grande critério para decidir o que é mais importante ou o que produzirá os resultados mais significativos na sua vida.

Por exemplo, você já identificou alguma coisa que adoraria fazer na vida e que ainda não fez. Pense a respeito dessa tarefa de ganho em particular. É necessário que você a inicie *hoje*? E se você estiver realmente ocupado esta semana? Ela pode esperar até a próxima semana, ou mesmo até o mês que vem? E se você ficasse um ano inteiro sem fazer nada a respeito dessa tarefa de ganho? Alguma coisa ruim aconteceria? Não. Uma tarefa de ganho *sempre pode esperar*; não há prazos finais ou relatórios a serem escritos sobre ela. Você não tem que prestar contas dela a ninguém. Não há consequências se você não a executar. Sua única motivação para fazê-la é melhorar sua vida de alguma maneira. Ela nunca envolve uma situação urgente. Por consequência, se você basear suas decisões com relação ao que faz com seu tempo exclusivamente no que é urgente, não vai executar nenhuma tarefa de ganho — e não obterá os resultados positivos e significativos provenientes do ganho.

Em contrapartida, você não pode adiar nem desconsiderar as tarefas de prevenção da dor. Por exemplo, quanto tempo você pode passar sem comer? Pessoas viveram sem comida de 30 a 45 dias, em circunstâncias extremas. Viveram de dois a três dias sem água em casos extremos. A urgência de encontrar água e comida, pagar o financiamento da casa, entregar uma proposta no prazo e trabalhar todos os dias é óbvia. Essas coisas têm prazos finais e consequências se não forem realizadas.

2. Você não tem que completar a tarefa de ganho

O segundo atributo de uma tarefa de ganho é que *você não tem que executá-la*. A motivação para completar uma tarefa de ganho resulta da oportunidade de obter progresso e melhores resultados na vida, e não do medo e das consequências que poderão ocorrer se você *não executá-la*. Ninguém jamais fará perguntas a você a respeito dela ou ficará de olho nessa tarefa. Só existe um motivo pelo qual você a levará adiante: o fato de *querer*, e não de *dever*, executá-la.

O que vai acontecer se você *nunca* completar nenhuma tarefa de ganho? Bem, na verdade, nada. Se você nunca fizer nada a respeito de uma meta, ninguém jamais lhe aplicará uma multa ou punição; ninguém jamais perguntará por que você não se dedicou a ela. Nada de mau acontecerá, mas *nada de muito bom acontecerá tampouco*. Você não vai vivenciar o ganho em sua vida. Não avançará rumo a essa meta nem desfrutará do progresso. Sua existência vai continuar do mesmo jeito que está enquanto você permitir.

Você pode passar a vida inteira sem nunca fazer nada a respeito da sua tarefa de ganho. Pessoas passaram por vidas longas, felizes e plenas sem jamais realizar nenhuma meta em particular. A razão pela qual você pode desejar concluir essa meta é o fato de querer os resultados que essa tarefa produziria. A diferença entre as tarefas de ganho e as de prevenção da dor é a diferença entre *eu quero fazer* e *eu tenho que fazer*; a diferença entre *não ter que fazer* e *ter que fazer*; e a diferença entre a motivação que procede do desejo de resultados e a motivação impelida pelo medo das consequências.

Se você realizasse a tarefa de ganho que identificou, ela produziria resultados muito ou pouco significativos? Não pense nos *resultados* apenas do ponto de vista de quanto dinheiro você vai ganhar com ela, de como ela ficará no seu currículo ou do que as outras pessoas vão pensar a respeito dela. Considere como se sentiria ao realizar ou experimentar essa tarefa de ganho; como ela aprimoraria sua vida. Sendo assim, considere "resultados" como sendo memórias, sentimentos, progresso, crescimento e aprimoramento em sua vida.

Completar uma tarefa de ganho deverá produzir resultados *significativos*; caso contrário, você não se dedicaria a ela. Se está optando por despender tempo com algo que não tem que fazer, mas que realmente *quer* fazer, você está trabalhando para aprimorar sua vida. Seja fazendo um trabalho voluntário, desenvolvendo uma nova habilidade, melhorando um processo no trabalho ou se envolvendo em qualquer outra coisa que "não tenha que fazer", *sempre que estiver motivado pelo ganho, você vai estar considerando os resultados que seu tempo e esforço produzirão* — na vida, nos relacionamentos e nos negócios.

3. Você não pode delegar a ninguém uma tarefa de ganho

A natureza de uma meta ou realização de ganho significa que *somente você* pode alcançar os resultados que está buscando. E *somente você* pode experimentar a satisfação e o progresso provenientes dessa tarefa. Você não pode delegar suas metas ou sonhos a outra pessoa.

Todos nós nos vemos diante da questão de como usar melhor as 24 horas que nos são concedidas todos os dias para tirar o máximo proveito delas. Todas as vezes que você se incumbe de uma tarefa, toma a decisão de despender o tempo necessário que a tarefa exige. E, *todas as vezes que faz alguma coisa que outra pessoa poderia fazer por você, está renunciando à oportunidade de buscar o ganho.* Tudo o que você contrata ou pede a outra pessoa para fazer — como mandar as camisas para a lavanderia, contratar alguém ou uma empresa para cuidar do seu jardim ou pedir uma pizza na hora do jantar — é delegação. Mesmo quando você compra roupas em uma loja, em vez de fabricá-las com as próprias mãos, está delegando! Quase todas as vezes que você gasta dinheiro, está delegando uma tarefa a outra pessoa.

A questão é: você está delegando *o suficiente*? Se está gastando tempo para completar tarefas de prevenção da dor que outra pessoa poderia executar, está deixando escapar a oportunidade de promover seu negócio, seus relacionamentos ou sua vida. Você abre mão da oportunidade de buscar o ganho quando não delega com eficácia.

É claro que muitas coisas precisam ser examinadas quando você decide delegar. Há alguém que esteja mais *disponível* do que você está? O *tempo e a urgência* são importantes? Outra pessoa tem mais *talento ou habilidade* para executar determinada tarefa? A *qualidade* é importante? Se for uma tarefa profissional: outra pessoa precisa completá-la para fins de instrução ou um planejamento de sucessão de cargo, para progredir, aprender ou desenvolver parte da função dela? Quanto custará à sua organização você completar a tarefa em comparação com outra pessoa que fizesse o mesmo? Mas a principal questão a ser considerada é a seguinte: *O que você poderia estar fazendo com seu tempo se não estivesse executando essa tarefa?* O mais provável é que a resposta tenha algo a ver com buscar o ganho em alguma área de sua vida.

O resultado de uma tarefa de ganho é alcançar um senso de *liderança* em sua vida, no seu negócio, nos relacionamentos — embora encontrar tempo para a liderança seja difícil sem saber delegar coisas. Você já se perguntou onde poderia encontrar tempo para ter ideias originais e criativas, trabalhar *os sistemas* em vez de trabalhar *nos* sistemas, *aprimorar* seu negócio em vez de *lidar* com ele, desenvolver estratégias em vez de permanecer na rotina e desperdiçar tempo fazendo as coisas sempre da mesma maneira?

É *delegando* que conseguimos tempo para levar as coisas adiante.

O que você deveria delegar que lhe proporcionaria mais tempo para melhorar sua competência em determinada área? Se tivesse mais tempo, o que poderia fazer para alcançar a condição de especialista? Se alcançasse essa condição de especialista, que novas soluções poderia propor ao seu empregador e aos clientes? Quanto mais valiosas forem essas soluções, mais valioso você se torna.

A delegação é uma ferramenta necessária porque a limitação do tempo é o principal obstáculo ao aprendizado, ao crescimento e à consecução de objetivos. Ela é a habilidade estratégica primordial que lhe possibilita despender tempo levando a vida adiante, em vez de permanecer onde está.

Aprendi essa lição há vários anos, quando o meu negócio decolava. O telefone tocava todos os dias com oportunidades de palestras. Era um sinal de que a economia ia bem, assim como da boa reputação que eu construíra com alguns anos de clientes satisfeitos e o poder do boca a boca. E a sensação era ótima! Eu tinha gastado muita sola de sapato (digamos assim) fazendo visitas-surpresa* a clientes nos primeiros anos, e meus esforços enfim surtiam efeito. Na realidade, estava ficando tão ocupado que respondia aos recados deixados na secretária eletrônica, perguntando sobre datas de palestras, com um rápido e-mail, só para confirmar que aceitava, esperando que tudo desse certo. Não tinha tempo para discutir contratos em detalhes nem para longas visitas de vendas.

Dava palestras ou treinamento de quatro a cinco vezes por semana, o que significava adaptar o conteúdo, preparar o material a ser distribuído e organizar planos de viagem à noite ou nos fins de semana. Embora estivesse animado com os negócios, o número de horas que vinha trabalhando estava me matando – e eu sabia que precisava de ajuda. O problema, é claro, era arranjar tempo para

---

* *Cold-calling* no original, que literalmente significa "fazer visitas a frio". (N. dos T.)

encontrar as pessoas certas para me ajudar. Morria de medo de contratar as pessoas erradas e ainda por cima ter problemas com funcionários. Meses se passaram à base de poucas horas de sono e muito estresse. Não só precisava delegar parte das minhas responsabilidades a alguém, como também precisava delegar a tarefa de encontrar a pessoa certa, porque eu não tinha tempo para fazer isso!

Por fim, cheguei a um ponto de colapso; foi quando coloquei em prática um plano bem simples. Comecei com babás. Minha mulher, que tem um MBA em finanças, estava sobrecarregada por ter que cuidar de quatro crianças pequenas em casa. O primeiro passo foi então telefonar para minha irmã, que trabalha em uma escola de ensino médio na cidade. Ela enviou várias jovens alunas interessadas (que receberiam até dez dólares por hora) diariamente à nossa casa depois da escola, para proporcionar supervisão e divertimento aos nossos filhos, das três às cinco horas da tarde. Isso deu à minha esposa duas horas por dia para fazer o que eu não tinha tempo: encontrar nosso primeiro funcionário. Ela vasculhou *sites* de empregos durante várias semanas e conseguiu, no final, quatrocentos currículos. Em seguida, pesquisou essas pessoas na mídia social, procurando alguém com o perfil certo para o nosso negócio, com a personalidade que seria adequada para nós e as habilidades apropriadas para nos ajudar. Reduziu o número para quinze pessoas e as apresentou para mim.

Escolhi quatro currículos que pareciam ser exatamente o que eu precisava. Entrevistamos cada uma das pessoas... e contratei uma delas! Colocamos rapidamente nossa nova assistente executiva a par do que fazíamos e do que precisávamos que *ela* fizesse. Em poucos dias, ela já organizava meus planos de viagem e passou a cuidar do faturamento e do gerenciamento do *website*.

Minha mulher começou, depois disso, a usar o período em que a babá estava com as crianças para trabalhar diariamente no nosso negócio. Deixei de ter um negócio gerido por uma só pessoa e passei a ter uma assistente executiva e uma consultora com MBA em tempo parcial no intervalo de algumas semanas. Contratamos vários outros profissionais ao longo do percurso, e comecei a me sentir novamente uma pessoa normal.

Poucos meses antes, meu negócio tinha atingido um ponto de crescimento insustentável. Por meio da delegação correta, ultrapassamos esse ponto, o tornamos sustentável e prosperamos. Sem a responsabilidade de cuidar de tarefas de prevenção da dor, como organizar os planos de viagem, cuidar do faturamento e lidar com a publicidade, fiquei livre para efetivamente pensar a respeito do rumo que eu queria que meu negócio tomasse e para passar mais tempo no setor do ganho.

Administrar meu negócio consumia todo o meu tempo, mas ele estava pronto para a *liderança*. Delegar tarefas me propiciou o tempo que eu precisava para criar essa liderança e levar meu negócio adiante.

ADMINISTRAÇÃO *VERSUS* LIDERANÇA

Qual é a diferença entre administração e liderança — e o que isso tem a ver com ganho, prevenção da dor e gerenciar suas decisões?

Como vimos, as tarefas de prevenção da dor mantêm sua vida ou negócio *da maneira como estão hoje*. Pagar o financiamento da casa, lavar a roupa, chegar ao trabalho no horário e entregar os relatórios no prazo são coisas que envolvem manter o *status quo* e conservar sua vida do jeito que ela está atualmente.

Se você completar essas e todas as demais tarefas de prevenção da dor, estará fazendo um excelente trabalho, *administrando* sua vida profissional e pessoal sem enfrentar nenhuma consequência ou deixar de cumprir suas responsabilidades. Administração diz respeito a *manutenção* — manter as coisas do jeito que estão hoje. Se você só fizer isso nos próximos cinco anos, como estarão sua carreira e sua vida daqui a uma década? Mais ou menos do jeito que estão hoje. E talvez isso não seja uma coisa ruim para você. Não estou desmerecendo a eficácia da administração. Ter uma vida, um negócio ou um relacionamento bem administrado é algo de que você deve se orgulhar. A boa administração é vital para o seu sucesso nos negócios e na vida, mas *ela não é liderança*. Se quiser que as coisas fiquem melhores do que estão hoje, você precisa de liderança.

Se administração é manutenção, então liderança é *aprimoramento* — levar as coisas adiante a partir de onde estão hoje e torná-las melhores. O que estará diferente e melhor na sua vida daqui a cinco anos? A resposta a essa pergunta reside nas tarefas de ganho que você decidir assumir.

> **Administração é manter as coisas do jeito que estão hoje.
> Administração = manutenção.**
>
> **Liderança é levar as coisas à frente a partir de onde estão hoje.
> Liderança = aprimoramento.**

Você está deliberadamente determinando o rumo que sua vida deve tomar? Ou está apenas administrando esse processo e tomando medidas para garantir atenção às exigências mínimas do que precisa fazer todos os dias para a prevenção da dor?

Deveríamos fazer essa pergunta em relação aos negócios com muito mais frequência do que fazemos. Conheci muitas pessoas na esfera profissional, ao longo dos anos, que deveriam estar em papéis de liderança, mas que na verdade só pioravam as coisas! Essas pessoas deixaram suas divisões sem lucro, levaram empresas à falência, custaram milhões de dólares à organização e perderam alguns de seus maiores clientes. Isso não é liderança; é *má* gestão, que conduz à decadência e deterioração. A verdadeira liderança não depende de cargo ou posição. Ter uma posição de autoridade em um grupo *proporciona a você a oportunidade* de tomar decisões que melhoram ou mudam as coisas. Mas, se as coisas *não* ficarem melhores em decorrência disso, então você não é um líder.

Isso faz com que a liderança deixe de ser um conceito um tanto nebuloso para se tornar um *resultado* que você precisa produzir. Se tiver tomado boas decisões, identificado tarefas de ganho e avançado rumo a essas metas, estará de fato *conduzindo a si mesmo* em direção a uma vida melhor. Se expandiu e desenvolveu seu negócio, então você demonstrou sua *liderança*, não importam seu cargo ou posição. A verdadeira liderança não requer um cargo. Se quiser ser um líder, tudo o que tem a fazer é *tornar as coisas melhores*. E todo membro de um grupo é capaz de apontar quem torna as coisas melhores, quem as torna piores e quem está fazendo um excelente trabalho de manutenção e administração. Qualquer pessoa que esteja melhorando as coisas é um líder. As mudanças na economia, na tecnologia, nas tendências, nos ciclos e no cenário de funcionários requerem mudanças no modo de pensar e um aprimoramento na maneira como as coisas são feitas. Os líderes têm a coragem necessária para propor mudanças e apresentar novas ideias para o futuro da organização.

Essa definição de liderança significa que *qualquer pessoa* na organização pode ser um líder, desde que esteja voltada para o aprimoramento da organização. Mas ela também suscita a pergunta:

> **Quem na *sua vida* pode ser um líder além de *você*?**

Fazer o que temos de fazer todos os dias para manter nossa vida é *administração*. Não é isso que nos define como indivíduos: mais exatamente, é o que nos torna *iguais* às demais pessoas. A *liderança pessoal* envolve fazer o que não temos de fazer para avançar e crescer todos os dias. É então que obtemos a autoidentidade, e é ela que nos diferencia dos outros. Se não obtivermos nossa identidade das tarefas de ganho, só nos resta determiná-la com base na maneira como nos comparamos a outras pessoas. E isso é uma incubadora para a negatividade, a desconfiança, o ciúme e a depressão, bem como para os pensamentos de superioridade ou inferioridade. Precisamos continuamente nos adaptar, crescer e melhorar para avançar à medida que as coisas à nossa volta mudam — e evitar ficar presos a uma rotina. Fazemos isso por meio da liderança pessoal, ou do ganho — assunto sobre o qual falaremos mais no próximo capítulo.

O ÚNICO EXERCÍCIO QUE PEDIREI QUE FAÇA NESTE LIVRO... *BRAINSTORMING!*

Antes de seguir adiante, quero que você pense um pouco mais a respeito do ganho durante alguns minutos. Quais são as tarefas ou atividades de ganho que fariam sua vida avançar? O que tornaria sua vida melhor? Ao longo de todo este livro, vamos explorar como suas decisões sobre a maneira como usa o tempo resultam na qualidade de vida que você experimenta — e como essa experiência poderia ser melhor se você inserisse mais ganho em sua vida. Examinaremos também como você poderia administrar melhor suas tarefas cotidianas e, ao mesmo tempo, melhorar sua vida.

Para se preparar, dedique cinco ou dez minutos à elaboração de uma lista de atividades de ganho que, se concluídas, tornariam sua vida melhor do que ela é hoje, não importando quanto tempo você levaria para concluí-las — e *registre-as por escrito*. Leve em consideração metas profissionais e pessoais tanto no longo quanto no curto prazo. Pense em sua carreira, vida familiar, relacionamentos, casa, saúde, viagens, *hobbies*, interesses, finanças, comunidade, círculo de amigos, vizinhança e assim por diante. Os itens da lista devem ser coisas que você adoraria fazer ou experimentar na vida, e que ainda não fez. Quanto mais coisas você conseguir imaginar, melhor.

Lembre-se de que pensar nas diversas maneiras de melhorar sua vida não significa que esteja insatisfeito com o ponto em que está agora. Significa apenas que você está pensando em possibilidades de progresso e avanço, no que quer para a sua vida e no que tornaria as coisas ainda melhores. Passe alguns minutos imaginando como seria sua vida se você realizasse um, dois ou *todos* esses aprimoramentos.

Suas metas, ou tarefas de ganho, podem ser tão variadas quanto cursar uma faculdade de direito, escalar uma montanha, obter uma promoção, cultivar um jardim, abrir o próprio negócio, aprender um novo idioma, adotar uma criança ou copiar obras impressionistas de pintores famosos. Independentemente do que você incluir na lista, *guarde-a*. Você pode ter vontade de consultá-la ou adicionar algum item a ela enquanto lê este livro e visualiza o que o ganho pode fazer por você.

Capítulo 2
A decisão é sua

Evite o esgotamento e crie equilíbrio

Para mim, a vida se resume em uma única coisa: movimento. Viver é permanecer em atividade.

— Jerry Seinfeld

A esta altura, já deve estar claro quais das suas tarefas estão relacionadas com o ganho e quais dizem respeito a evitar a dor. Contudo, talvez também tenha ficado claro que você está tão ocupado com todas as suas tarefas de evitar a dor que você teria a sensação de ganho se pudesse ao menos realizar tudo o que consta na sua lista de coisas a fazer! Eu ouço isso o tempo todo durante as minhas palestras. As pessoas dizem coisas do tipo:

"Como eu posso me dedicar ao ganho e tentar fazer mais? Não sou um super-homem!"

"Eu ficaria feliz se ao menos conseguisse fazer todo o trabalho que tenho que fazer!"

"Não tenho tempo nem para concluir tudo o que tenho que fazer em casa e no trabalho!"

"A minha lista de metas está enterrada debaixo de uma pilha de coisas que eu tenho que fazer!"

ENTÃO, POR QUE DEDICAR-SE AO GANHO?

É verdade que se dedicar ao ganho enquanto você está soterrado em prevenir a dor pode parecer um tanto impossível ou mesmo sádico. A maioria das pessoas, depois de um longo dia de trabalho, tenta passar algum tempo com a família enquanto enfrenta a constante questão de o que fazer para o jantar, antes de se entregar a alguns outros afazeres, executar as tarefas domésticas e pagar as contas. Depois de tudo isso, é difícil imaginar ser capaz de reunir energia suficiente para fazer qualquer coisa mais inteligente que assistir a um seriado cômico na televisão, antes de marchar para a cama a fim de se entregar àquelas preciosas sete horas de descanso... para então recomeçar tudo no dia seguinte. Perseguir suas metas de longo prazo é a coisa mais distante da sua mente quando você está nesse ponto de exaustão e frustração com o seu cotidiano. É difícil demais pensar em buscar o ganho enquanto observamos toda a nossa energia se despender na prevenção da dor. No entanto, se tudo o que você *fizer* for prevenir a dor, começará a se sentir desequilibrado, algo que conduz ao *esgotamento*.

Um esgotamento desse tipo é um problema grave e potencialmente muito dispendioso, em especial se você considerar que ele pode afetar a saúde de algumas pessoas, o que envolve a necessidade de comprar antidepressivos e remédios para ansiedade, ou ser a causa de uma clássica crise de meia-idade em outras, o que resulta em aquisições que envolvam a busca da emoção, como aulas de salto de paraquedas, um novo carro esporte ou uma motocicleta. O esgotamento tem dolorosas consequências psicológicas e fisiológicas. As pessoas se sentem dessa maneira quando estão há muito tempo na mesma rotina, fazendo a mesma coisa dia após dia, sem obter nenhum progresso. *Rotina é a ausência de progresso na vida.* Quando as pessoas sentem que vêm trabalhando muito por um tempo longo demais, sem ter recebido nada em troca, elas têm um esgotamento. Na realidade, além de a vida delas *não estar progredindo*, a perspectiva negativa em que se encontram também faz com que seu relacionamento pessoal sofra. A saúde dessas pessoas começa a se deteriorar devido às manifestações físicas do estresse. Sua prosperidade sofre um golpe, porque fazem compras impulsivas para satisfazer a necessidade que têm de emoção ou trabalham menos horas, já que não têm nenhuma motivação ou ambição para trabalhar.

Então, como evitar o esgotamento com tudo o que você tem que fazer, administrar e manter? Como encontrar um equilíbrio? A *resposta é inserir o ganho em sua vida.* Buscar tarefas de ganho e obter os resultados que elas produzem é o que evitará essa sensação de estar se esforçando à toa, sem que nada aconteça, e de não estar agradando a ninguém (inclusive a si mesmo). É o que evitará também que você trabalhe arduamente sem criar nada importante. Identificar uma tarefa de ganho que possa produzir resultados significativos com relação à vida que você deseja ou fazê-lo avançar rumo a uma meta torna *válido todo o esforço* despendido em seu trabalho. As tarefas de ganho o ajudarão a se sentir equilibrado devido aos resultados positivos que produzem em sua vida — resultados que *você* identificou como algo que *você* deseja. Quando consegue uma coisa que quer, você se sente equilibrado.

Talvez você esteja se perguntando: Como *trabalhar ainda mais arduamente* para buscar o ganho pode fazer com que eu me sinta *equilibrado*? Como *adicionar* responsabilidades vai *reduzir* o meu nível de estresse?

O PARADOXO DO EQUILÍBRIO

Uma pesquisa de opinião realizada em 2010 por um *think tank** revelou que 90% das mães que trabalham fora e 95% dos pais que também trabalham fora tiveram conflitos entre o trabalho e a família. Outra pesquisa de opinião conduzida em 2012 produziu resultados semelhantes: 88% dos funcionários entrevistados afirmaram ter muita dificuldade para equilibrar trabalho e vida pessoal. Cinquenta e sete por cento deles disseram que esse é um "problema importante" na vida deles, enquanto 64% declararam estar "fisicamente exaustos" ao chegar em casa depois do trabalho. Como esses percentuais podem ser tão elevados? E por quanto tempo esse tipo de estresse pode ser sustentável no cenário dos funcionários?

Tive recentemente uma reunião de consultoria com uma das minhas clientes a respeito de problemas que sua empresa vinha enfrentando. Ela pediu que eu me mantivesse afastado do tema equilíbrio entre trabalho e vida pessoal porque, em sua opinião, "Esse tipo de coisa não existe". A empresa lidava com as consequências do estresse e do esgotamento no local de trabalho: moral baixo, desmotivação, produtividade reduzida, problemas de manutenção, absenteísmo, custos mais elevados de assistência médica, erros cometidos durante o trabalho, baixa qualidade do produto do trabalho, além de avaliações sofríveis da experiência dos clientes.

Empregadores reconhecem que funcionários que estejam estressados, com o equilíbrio abalado ou esgotados podem afetar todas essas coisas, o que, em última análise, afeta não apenas o bem-estar pessoal como também o resultado

---

* *Think tank* são organizações ou instituições que atuam no campo dos grupos de interesse, produzindo e difundindo conhecimento sobre assuntos estratégicos, com vistas a influenciar transformações sociais, políticas, econômicas ou científicas sobretudo em assuntos sobre os quais pessoas comuns não encontram facilmente base para análises de forma objetiva. Podem ser independentes ou filiados a partidos políticos, governos ou corporações privadas. (N. dos T.)

final da organização. Os riscos são elevados. Por que, então, tem sido tão difícil equacionar o equilíbrio entre trabalho e vida pessoal?

O problema é que os empregadores não podem oferecer equilíbrio como parte de um pacote de benefícios. Não importam esforços ou alegações, uma organização não pode oferecer mais equilíbrio aos funcionários do que outra. Se isso fosse possível, todos iriam desejar trabalhar nessa organização. (Veja a Figura 2.1.)

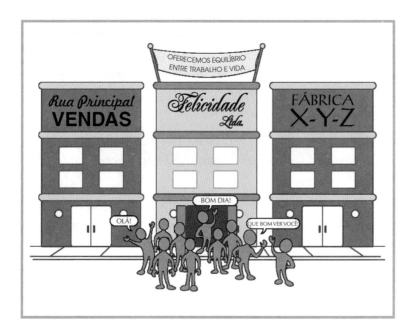

Figura 2.1

Embora muitas companhias se esforcem ao máximo oferecendo privilégios como horário de trabalho flexível, creches ou serviços financeiros, essas coisas podem apenas ajudar a *administrar* a vida dos funcionários de maneira mais eficiente. Elas não podem conferir rumo, impulso ou equilíbrio à vida deles.

Apesar de o problema ser reconhecido, todas as pesquisas de opinião mostram que os funcionários ficaram ainda mais longe de alcançar o equilíbrio entre trabalho e vida pessoal no decorrer da última década. Entre as frases mais comuns estão "nível recorde de desemprego", "se conseguirmos sobreviver a esta economia" e "fazer mais com menos". Cada um de nós foi forçado a dar valor ao simples fato de *ter* um emprego, independentemente da quantidade de estresse à qual estivéssemos submetidos. Muitas pessoas têm assumido mais responsabilidade e mais tarefas apenas para *permanecer onde estão* na carreira. Cada dia se torna uma corrida para completar a nossa lista de coisas a fazer e atender às expectativas. Mas isso não é buscar o equilíbrio; é buscar a sobrevivência. E permanecer tempo demais no modo de sobrevivência, sem fazer nenhum progresso, com o tempo conduz ao esgotamento.

A ideia de equilíbrio entre trabalho e vida pessoal é inerentemente combativa. Ela sugere um conflito entre duas partes fundamentais da vida, com o trabalho sendo o que *temos que fazer* e a vida sendo o que *queremos fazer*. Ela leva a crer que essas são duas forças opostas entre as quais precisamos constantemente fazer escolhas — e que, quando optamos por dedicar mais tempo ou reflexão a uma delas, a outra sai perdendo. Essa constante batalha entre trabalho e atividades pessoais deixa a pessoa em um perpétuo estado de conflito; além disso, sugere que as metas pessoais e profissionais estão desalinhadas ou são mutuamente exclusivas, e que, por consequência, alcançar ambas é uma façanha inatingível.

Parece que as pessoas acreditam que exista um conflito inerente entre trabalho e vida! Essa é uma perspectiva infeliz, porque você *não* tem uma vida profissional e uma vida pessoal separadas uma da outra; você tem uma única vida. Essa dicotomia leva as pessoas a dizerem coisas como "vou trabalhar arduamente e me aposentar aos cinquenta anos para ter o resto da vida para fazer o que eu quero". Mas isso produz equilíbrio? Seria sensato esperar chegar à metade da vida para começar a vivê-la? Será que seu cônjuge ou seus amigos vão ficar esperando esse tempo todo para aproveitar a vida a seu lado?

Tentar administrar diariamente o relógio tampouco garante o equilíbrio. Passar metade do dia no escritório metade do dia em casa não é garantia de que você deixará o estresse para trás quando encerrar suas atividades profissionais. O fato de você passar um determinado número de horas fora do escritório ou de desligar o telefone na hora do jantar não vai lhe assegurar ter relacionamentos pessoais satisfatórios. Não existe uma medida quantitativa para o equilíbrio.

O número de horas que as pessoas passam no trabalho por semana não é um bom indicador do quanto se sentem equilibradas. Não raro, pessoas que têm empregos muito exigentes — as que trabalham de sessenta a cem horas por semana em cargos altamente remunerados — relatam que adoram o que fazem e prosperam quando trabalham sob pressão. Elas buscam o ganho todos os dias no cargo que ocupam. Como trabalham até o extremo de sua capacidade, também dizem que dão "escapadelas" extremas quando necessário. Algumas tiram férias e vão para locais remotos, como o extremo norte do Canadá, onde não há sinal de telefone celular ou conexão com a internet, tentando se desligar por completo do escritório, para garantir que não exista nenhuma possibilidade de comunicação móvel. Outras envolvem-se em aventuras ou esportes radicais, para se esquecer da pressão do trabalho. Embora se tenha a impressão de que elas trabalham até se sentirem semimortas durante a semana e depois correm o risco de se acabar nos finais de semana, essas pessoas *apenas buscam o ganho*! Sobrevivem às horas e exigências extenuantes buscando constantemente metas que, para elas, levam diariamente a empresa para a frente, e forçam o próprio limite físico no tempo livre. É claro que nem todos os que trabalham dessa maneira revelam esse mesmo comprometimento. Muitos jovens executivos desistem na marca dos cinco anos para buscar funções que exijam menos perícia e esforço, citando a jornada de trabalho brutal e as extremas exigências profissionais como um risco à saúde e à vida familiar. No Japão, a morte por excesso de trabalho tem acontecido com tanta frequência, que chegaram a criar uma palavra para isso: *karoshi*.

Por outro lado, algumas pessoas que não trabalham tantas horas também podem ser suscetíveis a todo o estresse e depressão associados às síndromes de esgotamento e excesso de trabalho. Existe um sem-número de artigos voltados para mulheres e homens estressados, sugerindo panaceias como beber mais água, ter uma alimentação saudável e tomar mais banho de sol para promover o equilíbrio entre trabalho e vida pessoal. Embora fazer essas coisas possa melhorar sua saúde e reduzir o estresse, elas não podem curar a sensação de que as recompensas da sua vida não valem o esforço despendido.

O GANHO É A RESPOSTA PARA A CRISE DO EQUILÍBRIO

A única pessoa que pode criar equilíbrio em sua vida é você. E a única maneira de criá-lo é procurando tornar sua vida melhor hoje do que ela era ontem. E você faz isso buscando o ganho. Pense na última vez em que sentiu que sua vida estava melhor do que na véspera. Talvez tenha sido quando se formou, recebeu uma nova proposta de emprego, obteve uma promoção, conseguiu um novo cliente, recebeu um prêmio, passou férias magníficas, participou de uma maratona, organizou um grande evento, começou um novo relacionamento, dedicou-se a uma nova oportunidade de trabalhar como voluntário, ajudou uma criança em uma nova etapa da vida dela, resolveu um antigo problema com uma nova maneira de pensar, ou apenas concluiu uma excelente sessão de treinamento físico na academia ou mesmo recebeu um elogio por ter feito um bom trabalho. Esses são momentos em que você se sentiu *equilibrado*. Você trabalhou para atingir uma meta, e seu árduo trabalho produziu resultados genuínos e causou uma melhora na sua vida (provavelmente, também na vida de outra pessoa). É isso que as metas fazem por nós. Elas tornam nossa vida melhor hoje do que ela era ontem.

Avançar rumo às metas *cria equilíbrio* e gera o entusiasmo que precisamos para seguir adiante. Também proporciona uma sensação de que não desperdiçamos nosso tempo; de que identificamos aonde queremos ir; e de que fizemos alguma coisa a respeito disso em vez de ficar parados e ver mais um dia passar. O ímpeto e os resultados que essa melhora cria nos inspiram a fazer coisas ainda melhores no dia seguinte.

> ***Equilíbrio*** **é a sensação que você tem quando está satisfeito com onde está e com para onde está indo na vida.**

Essa é uma maneira diferente de encarar o equilíbrio. Ele acontece quando você se sente satisfeito com onde está despendendo seu tempo e recursos. É o equilíbrio entre "ter que fazer" e "não ter que fazer", entre manutenção e progresso, entre administração e liderança. Ele ocorre quando você busca e alcança suas metas e vê progressos em sua vida, em vez de continuar a colocar todo o seu empenho na manutenção ou na imobilidade. Quando você tira sua vida do lugar onde ela estava estagnada e a conduz rumo a uma meta, sente-se estimulado pelo progresso. Você conquista paz de espírito quando sabe que enfim realizou algo sobre o que afirma ser importante para você.

O equilíbrio e a satisfação que surgem quando você persegue suas metas e busca melhorar são exclusivos de cada indivíduo. O que torna a vida de uma pessoa melhor pode não ser o que outra deseja. Uma pessoa pode querer comprar uma casa maior, enquanto outra espera enfim poder ter uma casa menor. Nem sempre o processo envolve o que é maior, melhor ou mais numeroso; ele diz respeito ao *movimento*, à condução da sua vida rumo ao que deseja, vivenciando o entusiasmo e a euforia que o acompanham. Quando alguém lhe diz: "Eu tenho uma meta", essa pessoa na verdade está dizendo: "Conseguir isso tornaria a minha vida melhor".

A oportunidade de aprimoramento, inventividade, novas aventuras e um novo crescimento está sempre presente, tanto do ponto de vista pessoal quanto profissional. A melhor maneira de combater o esgotamento e o estresse — e alcançar a sensação de que sua vida está em equilíbrio entre o que você tem que fazer e o que faz você se sentir vivo — é *buscar continuamente o progresso em alguma área de sua vida*.

Isso é importante porque as responsabilidades e preocupações da vida nunca terminam. Na verdade, elas parecem aumentar à medida que envelhecemos. Pense em todas as partes da vida que parecem piorar com o tempo. Se alguma coisa estiver em um processo natural de deterioração e você não conservá-la ativamente, para mantê-la viva e em bom estado, com o tempo ela se extinguirá.

A realidade do envelhecimento é que manter a saúde se torna um desafio cada vez maior. Do ponto de vista científico, você vai envelhecer e declinar um pouco a cada ano da sua vida. Estudos mostram um aumento exponencial no tempo e no dinheiro gastos com assistência médica depois dos cinquenta anos. Se você não se exercitar ativamente e não cuidar de sua saúde física e mental, ela se deteriorará cada vez mais com o passar dos anos.

Manter a boa aparência física também demanda mais tempo. Os norte-americanos gastam anualmente uma média de 33 bilhões de dólares em produtos relacionados com o envelhecimento, e a cirurgia plástica tem uma receita bruta de 10 bilhões de dólares anuais.[1] A demência e outros problemas ligados ao envelhecimento estão associados anualmente a 22% das internações hospitalares e a 11 bilhões de dólares em custos do programa governamental de assistência de saúde aos idosos.[2] Você pode retardar o processo de envelhecimento e até mesmo melhorar sua aparência ou saúde cuidando dela, mas não é capaz de escapar inteiramente desse processo.

E, claro, existem outras coisas além da saúde. A não ser que você se mude todos os anos para uma casa recém-construída, o lugar onde mora também ficará mais velho a cada ano, o que significa que também vai precisar de manutenção e reparos à medida que for envelhecendo. Os desastres naturais, como furacões, enchentes, secas, tornados, terremotos e assim por diante, causarão danos e a necessidade de reparos, reconstrução ou até mesmo de uma mudança. Ninguém precisa de um livro de História para relatar os diversos desastres econômicos ou naturais que levaram inúmeras pessoas a enfrentar esses desafios ano após ano.

À medida que envelhecemos, os relacionamentos também podem se tornar mais complicados, e pode ser mais difícil mantê-los, já que as pessoas se mudam, e ficam ocupadas ou envolvidas demais com as responsabilidades da própria vida.

Isso é particularmente verdadeiro para os negócios ou a carreira. E se você não foi bem-sucedido em nenhum setor de sua vida profissional? Se deixar que suas habilidades permaneçam estáticas com o tempo — enquanto os concorrentes avançam e desenvolvem novos métodos de serviço, tiram proveito de novas tecnologias, abrem novos mercados e assim por diante —, você perderá seus clientes enquanto seu negócio ou carreira declinam até se extinguir. Permanecer o mesmo ao longo do tempo não é de fato uma opção; você precisa se aprimorar e se manter atualizado; caso contrário, vai se tornar irrelevante e deixará de existir.

A verdade é que muitas coisas se deterioram naturalmente ao longo da nossa vida. Problemas em apenas *uma* dessas áreas podem fazê-lo cair na rotina. Ora, pensar a respeito de todas essas coisas ao mesmo tempo é demais para aguentar!

Sem um esforço contínuo rumo às metas e ao progresso, você despenderá muito tempo e um tremendo esforço em manutenção, para apenas tentar permanecer onde está sem perder terreno. *A não ser que estejamos trabalhando constantemente para aprimorar alguma área da vida, nós nos concentraremos nas partes dela que declinam naturalmente com o tempo.* Isso pode causar estresse, esgotamento, ressentimento, arrependimento e depressão – não a depressão clínica, mas a sensação de desespero ao pensar que ontem era melhor do que hoje. Todos já tivemos essa sensação em uma ou outra ocasião. Ela é o resultado de termos caído na rotina, de termos sido afetados negativamente na vida devido à ausência de alguma realização ao longo do caminho. Sentimo-nos assim quando achamos que nossos esforços estão sobrepujando as recompensas.

Podemos ser verdadeiramente felizes se não tivermos esperança de que o futuro será melhor que o presente? Sua vida não tem que ser *horrível* para que você espere um futuro melhor. Você pode ter uma vida excelente e feliz, com um trabalho gratificante, uma família ou a companhia de amigos, além de um nível satisfatório de riqueza ou influência. Mas, se pensar que esse é o ápice, o melhor possível, o amanhã será pior, o depois de amanhã será pior ainda e assim por diante – você será muito infeliz! Não vejo como você poderia ser feliz hoje se essa tivesse sido sempre sua visão de futuro.

A felicidade é apenas uma questão de bem-estar pessoal, ou ela também afeta o resultado final dos negócios? As estatísticas mostram que a depressão custa aos empregadores 44 bilhões de dólares em perda de produtividade, o que a coloca entre as doenças mais dispendiosas com que as empresas têm de lidar. Por outro lado, funcionários mais felizes foram associados a níveis elevados de lucro, produtividade, manutenção e satisfação dos clientes.[3] É precisamente por esse motivo que criar equilíbrio, satisfação e felicidade causa um impacto positivo no longo prazo, não apenas em você, como pessoa, mas também na sua organização.

Porém, como chegar lá? Não é apenas uma questão de trabalhar mais arduamente para sair desse tipo de rotina. Você precisa mudar de rumo e trabalhar visando algo diferente.

As metas são o passaporte que nos conduz para longe de qualquer sentimento depressivo. Elas melhoram e neutralizam as perdas ou o declínio em nossa vida, para que não acabemos em uma rotina. Também amenizam a sensação de que você trabalhou arduamente e não realizou nada. Quando você trabalha visando o ganho, termina o dia sentindo que fez progresso e avançou mais um pouco. E o ímpeto que você criou faz com que se sinta equilibrado e energizado — o hoje fica sendo *melhor* que o ontem; *você* está melhor hoje do que estava ontem. Esse ímpeto dá esperanças para o futuro. Ele nos deixa dormir à noite com a certeza de que, exatamente pelo fato de estarmos trabalhando muito, as coisas vão melhorar. *Isso me parece equilíbrio.* Isso me parece satisfação e felicidade.

GANHO E PREVENÇÃO DA DOR PRECISAM TRABALHAR JUNTOS

A sensação de equilíbrio ocorre quando você fez o que tinha que fazer para manter a vida e prevenir a dor, *além de* ter feito algo que não era sua obrigação, no intuito de fazer sua vida avançar mais um pouco hoje. Muitas pessoas estão em busca de equilíbrio, mas não se trata de algo que você simplesmente encontra; é preciso criá-lo, garantindo a busca de resultados que justificarão seus esforços. Fazer um grande esforço apenas para manter a vida como ela está vai acabar lhe causando esgotamento. No entanto, se seus esforços estiverem concentrados em *produzir resultados significativos* e *avançar rumo ao aprimoramento* todos os dias, então essa mesma quantidade de esforço terá uma justificativa e valerá a pena.

Constantemente tentamos equilibrar metas e *aprimoramento* com *manutenção* — o "não ter que fazer" com o "ter que fazer". E, como essas metas são diferentes e exclusivas de cada pessoa, nenhuma organização ou empregador jamais poderá oferecer um equilíbrio entre trabalho e vida pessoal. Ninguém pode alcançá-lo para você. Mais tempo livre, maiores benefícios e bonificações, mais flexibilidade não lhe proporcionarão uma sensação de equilíbrio, a não ser que você use essas vantagens para melhorar sua vida.

Identificar o ganho ou suas metas, e trabalhar pensando neles, ameniza a sensação de esgotamento. A cada pequeno passo, você vê o progresso e fortalece seu ímpeto. Você está em movimento, em progresso, e o propósito de seus esforços torna-se mais evidente. Você tem algo sobre o que falar e a respeito do qual desenvolver ideias. Você percebe que seus pensamentos estão sempre gravitando rumo ao alcance dessa meta e de como sua vida vai melhorar depois que alcançá-la. Você usa seus recursos para melhorar, em vez de lutar para ficar parado. *Essa sensação da vida em movimento cria o equilíbrio.* Avançar para algo significativo, que vai melhorar sua vida, a vida de sua equipe no trabalho, a da sua organização, da sua família e assim por diante é o que faz a depressão, o esgotamento e o estresse desaparecerem, possibilitando ao equilíbrio e à satisfação assumirem o controle.

Na realidade, pesquisas relataram que o fator de motivação mais importante na opinião dos funcionários não era a promessa de aumentos ou promoções, e sim a sensação de progredir todos os dias rumo a uma meta significativa. Essa sensação associava-se a mais criatividade e mais qualidade no trabalho. Sem a sensação de progresso e realização, as pessoas perdem a motivação de continuar a fazer um trabalho construtivo, e o esgotamento começa a se manifestar.[4]

Até mesmo passos pequeninos podem mantê-lo em equilíbrio e melhorar a qualidade de sua vida como um todo, e não apenas no trabalho. Não precisamos equilibrar trabalho e vida; o trabalho faz parte da vida. Precisamos equilibrar a sobrevivência do hoje com o progresso rumo a um amanhã melhor. Se conseguir identificar maneiras com as quais vem aprimorando uma área de sua vida o tempo todo — por mais simples que sejam —, você tem uma propensão convincente ao equilíbrio. O segredo de iniciar essa jornada rumo ao aprimoramento e à obtenção do equilíbrio na vida é identificar as oportunidades de ganho que há nela e, depois, estabelecer prioridades e planejar.

Capítulo 3

Priorização de tarefas em função dos resultados

Você raramente tem tempo para tudo o que deseja na vida, de modo que precisa fazer escolhas. E, com um pouco de sorte, suas escolhas podem ter origem em um profundo senso de quem você é.

— Fred Rogers

Em que momento da sua rotina matinal você se pergunta pela primeira vez: "O que eu tenho que fazer hoje?" Depois de fazer uma lista de coisas que com certeza não vai ter condições de concluir em um único dia, você a desmembra levando em conta a seguinte pergunta: "O que é *urgente* hoje?" A maioria das pessoas prioriza seus afazeres diários fazendo uma única pergunta: "Qual é o prazo final deste item?" Quanto mais próximo o prazo final, maior a prioridade atribuída a uma tarefa. Esse é um método comum, que prioriza todas as coisas com relação à urgência delas.

Se você já viu os modelos de priorização usados em abordagens comuns de administração do tempo, sabe que as letras A, B e C, tradicionalmente, representam a urgência ou o prazo final de uma tarefa. Uma tarefa que tem que ser concluída *imediatamente* ou *hoje* recebe um A. As tarefas que precisam ser concluídas em *breve* recebem um B, e a letra C é atribuída às tarefas que precisam ser completadas até a semana seguinte ou talvez até o próximo mês, algo que você precisará finalizar ao longo de certo tempo. Sendo assim, tudo o que você precisa para transformar um C em um A, usando essa abordagem, é procrastinar por tempo suficiente. Não execute a tarefa *agora*; apenas espere. Em algum momento, ela se tornará um A. Seja paciente. Está chegando a hora! Ela parece pouco importante agora, e ninguém está perguntando nada a respeito dela ainda, mas ela *se tornará* urgente se você esperar até o último momento do prazo final para concluí-la — ou até mesmo se deixar passar o prazo final!

Esse método de priorização faz com que o ciclo de vida de uma tarefa seja mais ou menos assim:

Tenho que entregar isto em um mês? Oh, é *apenas* um C. Tenho trinta dias. Não vou me esquecer; é importante, mas tenho um mês inteiro, de modo que não vou pensar nisso agora...

Tenho que entregar isto na semana que vem, não é mesmo? Ok, agora essa tarefa é um B. Vou colocá-la sob o meu radar. Não posso deixar que passe despercebida; semana que vem é o prazo final. É muito importante. Ok. É um B, mas tenho outras coisas para fazer, preciso me dedicar a vários A hoje, então ela vai ter que esperar...

O prazo final é hoje? O que aconteceu? Ok. Este é o meu A mais importante hoje! Preciso abandonar todo o resto e me dedicar apenas a isto, pois é uma situação de emergência! Tenho que dar um fim nisso agora mesmo!

Tudo o que você faz poderia se tornar um A nessa abordagem. E, quando tudo na vida é um A, como você sabe o que é realmente importante e o que não é? É assim que as pessoas vivem quando cancelam as coisas no último minuto. Elas não comparecem a um evento porque têm que tratar de um assunto repentino e urgente em outro lugar. Deixam de lado coisas que deveriam ser importantes para elas por causa de algo que *não deveria ser importante*. Essas pessoas perderam o senso do que é significativo para elas, pois estão constantemente estressadas e sob pressão para executar as tarefas — e, em consequência, têm a impressão de que não estão agradando ninguém. Estão com frequência atrasadas para eventos ou lugares onde precisam estar, porque estão sempre correndo atrás de algum prazo final anterior. Sentem-se estressadas com relação a coisas triviais que se acumulam. Você conhece pessoas que vivem dessa maneira? *Você é alguém que vive dessa maneira?*

Em uma das minhas palestras, costumo contar uma história hipotética e animada sobre colocar o lixo para fora. Digamos que o caminhão de lixo passe para recolher o lixo no seu bairro nas manhãs de segunda-feira. Domingo à noite, quando você está muito à vontade, relaxando em casa com a família, levantar-se do sofá e levar o lixo para fora é um A, B ou C? Para a maioria das pessoas, é um C. Se você se esquecer de fazer isso antes de ir para a cama, a tarefa então se torna um B na segunda-feira de manhã. Você ainda tem algumas horas antes que o lixeiro chegue! E quando ouve o caminhão descendo a rua? Sua tarefa agora virou um A, meu caro! A urgência o obrigou a correr até a rua, gritando atrás do caminhão, com os lixeiros incentivando-o a atirar seu saco dentro dele antes que o veículo vire a esquina. Você conseguiu! Uau! Que maravilha. A sensação não foi incrível? Parabéns, você acaba de botar o lixo para fora de casa. E, de acordo com o prazo final dessa tarefa, acaba de eliminar um item A da sua lista diária. Você deveria se sentir bem o dia inteiro por causa disso. No entanto, o que você realizou de fato? Não muito; na verdade, você só levou o lixo para fora. E adivinhe só? O saco do lado de dentro já está começando a encher para a próxima semana.

É por isso que estabelecer prioridades em função da urgência não funciona. Como você sem dúvida notou, quanto mais perto chegamos do prazo final nessa situação, mais elevada a prioridade que atribuímos à tarefa. A tarefa *propriamente dita* nunca mudou, mas nós a tornamos cada vez mais crucial à medida que o prazo final se aproximava. Esse método de priorização lhe confere a ilusão de que você foi produtivo, quando na realidade não gerou nenhum resultado *que tenha importância*. Isso pode até lhe dar um falso senso de realização, mas é uma euforia que não adiciona nenhum valor à sua vida. Isso se chama *drama*. O drama ocorre quando você concede a alguma coisa mais tempo e atenção do que ela merece com base nos resultados que ela produz. O drama equivale à *má priorização*.

Lembre-se do primeiro atributo de uma tarefa de ganho: ela nunca é urgente! As coisas que produzirão os melhores resultados na sua vida não têm um prazo final.

UMA NOVA MANEIRA DE ESTABELECER PRIORIDADES

A priorização eficaz não se baseia em prazos finais nem na urgência. Baseia-se em *resultados*. Ela atribui valor e ordem aos eventos antes mesmo que eles ocorram, e requer que você faça novas perguntas: Que resultados esta tarefa produz na minha vida? Que atividades em minha vida produzem os melhores resultados?

Sendo assim, eis uma nova maneira de estabelecer prioridades. A, B e C devem representar *os resultados* que uma tarefa produz pessoalmente para você depois de tê-la completado. Desse modo, A representa suas tarefas de ganho — aquelas que produzirão os resultados mais significativos que você poderá alcançar ou experimentar na vida. Elas se baseiam em resultados, não em prazos finais. Quando você completar cem anos de idade, vai recordar sua vida e se lembrará das tarefas do tipo A.

Tanto B quanto C são tarefas do tipo "ter que fazer", ou de prevenção da dor, sobre as quais alguém – ou alguma coisa – o lembrará caso não as execute. Ambas podem ter a urgência associada a elas, mas eis a diferença: alguém, em algum lugar, está de olho em *se e quando* você vai completar a tarefa do tipo B. Em outras palavras, você não apenas tem que completar uma tarefa B, como também precisa fazer isso *bem* e *no prazo previsto*, porque a tarefa está sendo documentada. Por exemplo, entregar seu relatório mensal no trabalho é um B; as pessoas vão reparar se você o entregou ou não no prazo previsto. Enviar faturas ou organizar o estoque é um B, porque essa tarefa será acompanhada e usada na sua avaliação de desempenho. Outro exemplo é pagar o financiamento da casa ou a fatura do cartão de crédito, porque as agências de proteção ao crédito estão acompanhando se você cumpriu suas obrigações no prazo. Em contrapartida, ninguém vai acompanhar a maneira como você completa uma tarefa do tipo C. Qualquer pessoa que fique de olho em como você põe o lixo para fora tem tempo demais disponível.

A velha máxima que diz "Tudo o que é avaliado é concluído" tem sido atribuída diferentes autores e pensadores ao longo dos anos. Em essência, ela significa que, se você está em uma posição de comando e quer que os funcionários concluam uma tarefa, você precisa avaliá-la, acompanhá-la, exigir que seja feita em um prazo determinado e depois registrar o desempenho relacionado a ela. Em outras palavras, se você comunicar claramente os padrões, eles serão alcançados. Isso é verdade, desde que o que esteja sendo avaliado *faça sentido*. Mas outra máxima, que tem sido atribuída a Albert Einstein, é a seguinte: "Nem tudo o que pode ser contado conta, e nem tudo o que conta pode ser contado". As organizações devem prestar atenção a isso quando determinam o que precisa ser avaliado e registrado, para definir seus indicadores de forma correspondente. No entanto, no que diz respeito à priorização, uma vez que os indicadores tenham sido definidos, a tarefa se torna um B para todo mundo que precise acompanhá-la, porque está registrada e afeta a classificação de desempenho. Você eleva a prioridade do trabalho que delega a outras pessoas ao manter um registro.

Trabalhei certa vez para uma empresa na qual um C na lista de todos – neste caso, comparecer a uma reunião semanal – rapidamente transformou-se em um B. Eu era responsável pela programação da reunião da equipe. Começava a reunião lendo a programação que o chefe de departamento tinha me transmitido e depois designava incumbências que deveriam ser concluídas durante a semana para cumprir as metas de um projeto. Todos os funcionários do departamento tinham que comparecer à reunião.

Se está revirando os olhos enquanto lê isto, provavelmente já participou de reuniões como essa e sabe como elas funcionam. Ninguém quer participar delas. Com frequência, funcionários ficavam "presos" em telefonemas e não podiam comparecer à reunião ou encontravam alguma outra desculpa para não comparecer. Muitos apareciam bem mais tarde, para expressar seu desprezo pelo processo de uma maneira passivo-agressiva. E, embora eu também não gostasse dessas reuniões, era minha função fazer com que todo mundo estivesse presente.

Sendo assim, tive uma ideia.

Em determinada semana, anotei em segredo a hora exata que cada pessoa havia entrado na sala de reunião, mas não comentei nada com ninguém. Prossegui normalmente com os assuntos. Na semana seguinte, comecei a reunião das dez horas apresentando rapidamente um *slide* que mostrava o nome X e a hora correspondente de chegada à reunião anterior. Você pode imaginar o choque estampado no rosto das pessoas. Mostrei o *slide* exatamente às dez horas e o deixei exposto apenas por alguns segundos. Não queria deixar ninguém constrangido; queria apenas comunicar claramente meu ponto de vista. É óbvio que, como eram apenas dez horas, muitas pessoas – os retardatários crônicos – ainda não tinham chegado. À medida que iam pipocando, devem ter ficado muito confusos com o olhar que recebiam das pessoas que estavam na reunião e que tinham visto os *slides*.

O zum-zum a respeito do *slide* circulou bem rápido, porque, na reunião da semana seguinte, todo mundo apareceu na hora certa. A maioria das pessoas chegou até mais cedo, e quase todos estavam prontos para começar exatamente às dez horas. Tenho que admitir que ri muito, sozinho, durante dias. Mas o maior benefício não foi meu divertimento; foi o fato de que *meu* diretor estava avaliando *meu* critério para fazer todos comparecerem à reunião semanal – e *agora* isso tinha acontecido. Uma vantagem adicional para todo mundo foi que a reunião durou apenas vinte minutos, porque todos estavam presentes e prontos para ouvir e voltar ao trabalho assim que ela terminasse.

A reunião semanal era um C, uma tarefa de prevenção da dor que ninguém apreciava, um "ter que fazer" na lista de coisas a serem executadas. No entanto, ao adicionar um registro do desempenho das pessoas — a frequência e a hora da chegada delas —, a tarefa tornou-se imediatamente um B, algo que poderia ter consequências mais tarde em uma avaliação de desempenho, em uma análise crítica anual ou apenas no *slide* da semana seguinte. Como diz o ditado, tudo o que é avaliado é concluído.

Existem portanto importantes tarefas do tipo "ter que fazer" registradas (B), e tarefas "ter que fazer" não registradas (C). Como examinamos no Capítulo 1, você precisa fazer essas tarefas de prevenção da dor se quiser participar do jogo da vida, mesmo que sejam coisas das quais você não se recordará quando relembrar sua trajetória.

Uma nova maneira de priorizar

A = Tarefas de ganho
B = Tarefas de prevenção da dor registradas
C = Tarefas de prevenção da dor

Resultados produzidos

A = Metas, liderança, aprimoramento
B = Importantes responsabilidades de manutenção
C = Manutenção

Pense a respeito do exemplo do lixo: neste novo modelo de priorização, levar o lixo para fora receberia um A, B ou C na classificação de prioridades? Isso seria sempre um C, não importa a hora em que o caminhão começasse a passar na rua — porque, se você não executar a tarefa, um membro da sua família, ou até mesmo um vizinho, lhe dirá que você precisa se livrar do cheiro que está vindo das suas latas de lixo! Uma tarefa de prevenção da dor como levar o lixo para fora nunca receberia um A na nossa nova abordagem, porque não produz resultados significativos na sua vida. E não receberia um B, porque ninguém a está registrando. Sua avaliação de desempenho na vida não depende da execução dela. Completá-la lhe dá apenas a ilusão de produtividade – e o maior obstáculo à *efetiva* produtividade é a *ilusão* dela. O primeiro passo para ser verdadeiramente produtivo é obter uma imagem precisa dos resultados que cada tarefa produz e agir da maneira apropriada. Embora por certo ainda haverá ocasiões em que você terá que correr atrás do caminhão de lixo, não se engane pensando que cortou um A da sua lista ao fazer isso.

Lembre-se sempre do segundo atributo das tarefas de ganho: você não precisa executá-las. Elas são as atividades em sua vida que produzem os resultados pessoais mais significativos e satisfatórios; as coisas que lhe conferem sua identidade. São memórias, resultados, sentimentos, progresso, crescimento e aprimoramento em sua vida – coisas das quais você se lembrará durante um ano, cinco anos, uma década ou a vida inteira. Em contrapartida, há coisas das quais não nos lembramos cinco minutos depois de tê-las feito, mas às quais atribuímos uma prioridade mais elevada do que às nossas tarefas de nível A. Deixamos que isso aconteça certificando-nos de fazer coisas insignificantes de maneira regular, e podemos passar até anos sem fazer nada a respeito de nossas metas.

Essa nova abordagem requer que tracemos uma linha divisória. Estamos conferindo um A às tarefas de ganho, e um B ou um C às tarefas de prevenção da dor. Estabeleceremos assim prioridades em função dos *resultados*.

POR QUE É IMPORTANTE ESTABELECER PRIORIDADES?

Naturalmente, trata-se de uma inversão do pensamento convencional a respeito da priorização, porque conferimos prioridade máxima a coisas que não temos que fazer, e atribuímos prioridade média ou baixa às coisas que temos que fazer. Parece um contrassenso do tipo "aonde o tempo precisa ir e aonde queremos que ele vá", e é por esse motivo que a priorização é tão importante. Se não reconhecermos e agirmos motivados pelo que é mais significativo para nós, nunca chegaremos à parte do "querer" em nossa vida.

Você já relacionou todas as tarefas de prevenção da dor que precisa concluir regularmente? Eis um exemplo de uma lista gerada em um *brainstorming* de participantes das minhas palestras. (Veja a Figura 3.1.) Pense em quanto *tempo* você gasta nelas em cada período de 24 horas. Algumas pessoas têm mais responsabilidades em algumas áreas do que em outras.

Você reparou que está faltando um item nessa lista? O que a maioria de nós faz pelo menos oito horas por dia: *trabalho*! Alguns tópicos como a secretária eletrônica e o e-mail estão relacionados ao trabalho, mas essas coisas também existem na vida pessoal. Onde está a rotina de trabalho que você executa todos os dias?

O que mais está faltando? É algo que muitas pessoas fazem oito por horas por dia (embora algumas não tenham tanta sorte): *sono*. Trabalhar e dormir são provavelmente as duas coisas mais demoradas que fazemos! Todas as outras coisas da lista estão condensadas nas horas restantes do dia.

Dê outra olhada na Figura 3.1, com calma. Esta é sua vida fora do trabalho e do sono de todos os dias!

Algumas pessoas poderão se perguntar por que a *família* está incluída em uma lista de tarefas do tipo "ter que fazer". Mas pense nas pessoas com pais que estão envelhecendo ou que têm outros membros dependentes da família que precisam de cuidados. Mesmo que você não tenha esse tipo de responsabilidade, provavelmente ainda tem que telefonar para sua mãe ou irmão de vez em quando para dizer: "Oi, ainda estou vivo! Estou aqui prevenindo a dor de todos os dias!" Isso também vale para os amigos. As pessoas pedem favores, e você concede tempo a amigos ou vizinhos que estão precisando de alguma coisa. No caso dos relacionamentos, às vezes surgem obrigações decorrentes do amor e do respeito, do companheirismo e da lealdade, da consideração e da reciprocidade.

Existem até mesmo momentos no trabalho em que você anda de um lado para o outro pensando: "Será que estou em dívida com alguém?" Digamos que você tenha uma reunião à tarde com quatro pessoas. O que você faz durante a manhã toda, *antes* da reunião? Revê cada e-mail e escuta cada recado que essas pessoas deixaram na secretária eletrônica! Porque, se não fizer isso, a primeira coisa que vai ouvir quando entrar na reunião será o seguinte: "Ei, você recebeu aquele e-mail que enviei na semana passada?" A pessoa sabe que você recebeu, e *você* sabe que recebeu – mas você não respondeu, então... adivinhe só! Você precisa lidar com a parte da dor da prevenção da dor que você não preveniu! E agora tem que enfrentar as consequências de deixar de ter feito o que outra pessoa esperava que você fizesse e, em consequência, precisa reparar a confiança que foi quebrada, superar o constrangimento que está sentindo e restaurar a confiança que se perdeu. Isso vai ser ainda mais problemático do que se apenas tivesse executado a tarefa de prevenção da dor logo no início!

Exemplos de tarefas de prevenção da dor

Levar o lixo para fora	Cortar o cabelo	Fazer exercício
Pagar as contas	Calcular os impostos	Lavar a roupa
Cuidar de animais de estimação	Comparecer a eventos	Ir ao supermercado
Passar tempo com amigos/vizinhos	Procurar coisas perdidas	Tempo gasto dirigindo/no transporte de ida e volta do trabalho
Consertar coisas quebradas	Lidar com e-mails/correspondência regular	Ir à lavanderia
Ir ao banco/caixa eletrônico	Cuidar dos serviços domésticos/limpeza	Cuidar e fazer a manutenção do carro
Cuidar diariamente da aparência	Cuidar do gramado e mantê-lo	Ir ao dentista/médico
Planejar festas e comemorações	Atender/responder a telefonemas	Sair para comprar roupas, coisas necessárias e presentes
Cuidar/passar tempo com a família	Preparar comida, comer, lavar a louça e fazer a arrumação depois das refeições	Cuidar da manutenção da casa, de consertos e projetos
Fazer transporte de outras pessoas (filhos, amigos etc.)	Ficar doente e se recuperar de doenças ou lesões	Informações que tomam tempo (aprendizado, atualizações, espera, procura, pesquisa)

Figura 3.1

CONCENTRE-SE NOS RESULTADOS

Deixar de completar tarefas de prevenção da dor pode produzir resultados *negativos* significativos, ao passo que *executar tarefas de ganho* produz resultados *positivos* significativos. Se você não completar suas tarefas e obrigações de prevenção da dor, com o tempo sofrerá consequências negativas por não ter cumprido suas responsabilidades. No entanto, se todas as suas atividades estiverem na categoria de prevenção da dor, e nenhuma se encontrar na categoria de ganho, você continuará obtendo os mesmos resultados que vem produzindo agora, sem jamais progredir. Vai permanecer no mesmo lugar anos a fio. Talvez você esteja em um excelente lugar na vida, o que é ótimo! Mas não há movimento, e, como já discutimos, ao longo do tempo, a estagnação conduz à decadência e ao esgotamento. A única maneira de produzir resultados positivos significativos na sua vida, de levá-la adiante e melhorar o controle que você tem sobre ela é buscar o ganho. A Figura 3.2 ilustra os resultados produzidos por atividades de ganho e de prevenção da dor.

Figura 3.2

Onde você está no *continuum* de resultados?

Quando produzimos excelentes resultados em nossa vida, estamos fazendo coisas que *não temos* que fazer – ficando, assim, no controle de nossa trajetória. Então por que não nos dedicamos a coisas assim todos os dias?

Porque a vida não acontece seguindo listas dispostas em uma tabela com tudo o que você tem que fazer elencado a seu dispor, com um intervalo de tempo atribuído a cada tarefa e tempo excedente para buscar o ganho. A vida acontece mais da seguinte maneira: você acorda e este é o seu cérebro:

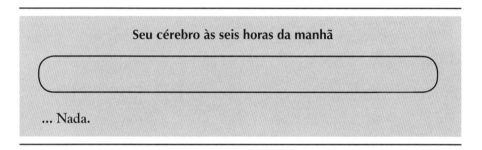

Não existe nada lá. Depois, passados alguns minutos, você se lembra de que precisa retornar a ligação do João. E começa a conversar consigo mesmo:

Ok. Tenho que me lembrar de ligar para o João. Assim que chegar ao escritório, vou deixar um recado na secretária eletrônica dele.
Ligar para o João; não posso me esquecer de ligar para o João.

Em seguida, dois minutos depois, você se lembra de que precisa entregar o relatório mensal.

Por que tenho que fazer isso todos os meses? Ok. Que seja... Telefonar para o João, relatório mensal, telefonar para o João, relatório mensal.

Depois, você desce para tomar o café da manhã e se lembra... leite!

Eu me esqueci de comprar leite! Ok, grande dia: telefonar para o João, relatório mensal, leite... telefonar para o João, relatório mensal, leite.

E então, antes que você se dê conta, um número cada vez maior de tarefas de prevenção da dor começa a entrar na sua consciência, até que seu cérebro fique parecido com a imagem mostrada na Figura 3.3.

Figura 3.3

Vejam só... e são apenas sete horas da manhã! Alguma vez você já disse olá para alguém e essa pessoa não respondeu? Você passa por alguém na rua ou no corredor do escritório e diz: "Bom dia!", e tudo o que recebe de volta é um olhar vazio? *Isso é o que estava se passando no cérebro dessa pessoa!* Não significa que ela não seja cordial; ela está apenas ocupada pensando: "João, relatório, leite... João, relatório, leite... Se eu disser olá para você, posso esquecer o leite! Você é menos importante do que o leite!"

A razão pela qual a maioria das pessoas nunca atinge suas metas ou tarefas de ganho é o fato de que sua lista de coisas a fazer se parece com a da Figura 3.4.

E é precisamente por esse motivo que executar todas as suas tarefas de prevenção da dor antes de chegar ao ganho não funciona: *elas nunca vão acabar.* Você precisa constantemente lidar com elas, inúmeras vezes. Você não pode

LISTA DE COISAS A FAZER
☐ PREVENÇÃO DA DOR
☐ PREVENÇÃO DA DOR
☐ PREVENÇÃO DA DOR
☐ PREVENÇÃO DA DOR
☐ PREVENÇÃO DA DOR
☐ PREVENÇÃO DA DOR
☐ PREVENÇÃO DA DOR
☐ PREVENÇÃO DA DOR
☐ PREVENÇÃO DA DOR
☐ PREVENÇÃO DA DOR
☐ PREVENÇÃO DA DOR
☐ PREVENÇÃO DA DOR
☐ PREVENÇÃO DA DOR

Figura 3.4

eliminar da sua lista "abastecer o carro". Depois que você faz isso, esse item só se desloca para o fim da lista, mas sobe para o início mais ou menos uma semana depois. Você não pode eliminar "ir ao supermercado", porque todas as vezes que comer vai se aproximar mais de ter que executar novamente essa tarefa. As tarefas de prevenção da dor nunca desaparecem, portanto permanecer concentrado nelas o deixará exausto. É claro que você tem que fazer todas as coisas relativas à prevenção da dor, mas existe um segredo que lhe permite usar seu tempo com êxito. No meio de um dia de prevenção da dor, você tem que parar e se dedicar a uma atividade ou tarefa de dez minutos que o leve para mais perto das suas metas. Você tem que continuar a *avançar rumo ao ganho*.

Provavelmente você já teve dias em que sentiu que, apesar de não poder estar mais ocupado, de alguma maneira, não realizou nada. Esses são dias de prevenção da dor, como aquele descrito anteriormente. Mas a opção que segue é muito melhor. A Figura 3.5 demonstra o que acontece quando você pode realmente dizer que teve um dia excelente — um dia que o fez avançar; que tornou sua vida um pouco melhor que no dia anterior.

Se tentar finalizar todas as suas tarefas de prevenção da dor antes de buscar o ganho, o ganho nunca acontecerá, porque as tarefas de prevenção da dor *nunca* acabam. Você tem que fazer as duas coisas em conjunto.

LISTA EQUILIBRADA DE COISAS A FAZER
☐ PREVENÇÃO DA DOR
☐ AVANÇAR RUMO AO GANHO
☐ PREVENÇÃO DA DOR
☐ PREVENÇÃO DA DOR
☐ PREVENÇÃO DA DOR
☐ AVANÇAR RUMO AO GANHO
☐ PREVENÇÃO DA DOR
☐ PREVENÇÃO DA DOR
☐ AVANÇAR RUMO AO GANHO
☐ PREVENÇÃO DA DOR
☐
☐
☐

Figura 3.5

INSTINTOS DE SOBREVIVÊNCIA

Por que um número maior de pessoas não administra a vida dessa maneira? Existem dois motivos principais para isso.

Primeiro, o cérebro não trabalha como uma lista de coisas a fazer equilibrada, pois ele não gosta de ficar mudando de um lado para o outro. Nosso cérebro está estruturalmente constituído para priorizar a sobrevivência em detrimento do aprimoramento, a prevenção da dor em vez do ganho, o "ter que fazer" em vez do "não ter que fazer". Trata-se de algo primitivo. Durante milhões de anos, os seres humanos acordaram e se perguntaram: "O que eu tenho que fazer para sobreviver hoje? Caçar? Colher? Repelir predadores?" Esse é o mesmo instinto que o faz pensar na sua própria sobrevivência, não apenas no que diz respeito à comida e à água, mas também com relação ao que precisa fazer para se arranjar hoje na vida.

É muito difícil lutar contra esse impulso. Seu cérebro não é necessariamente um mecanismo projetado para o sucesso, a realização, a felicidade e o crescimento; é um mecanismo concebido para a sobrevivência. Em consequência, sempre seguirá esse instinto e cuidará *primeiro* do que você precisa para sua proteção e sobrevivência. Para correr riscos e fazer escolhas que conduzam ao ganho, você precisa neutralizar seu instinto cerebral e adiar tarefas de sobrevivência a fim de progredir. A boa notícia é que, depois que você faz isso, seu cérebro também protegerá essas novas tarefas — e fará o que precisa fazer para sobreviver nesse *novo* nível. Mas você tem que se livrar das restrições que segue por instinto; você não pode deixar a escolha para o seu cérebro. Se permitir que ele siga os próprios instintos e lide com o que for que chegue até você, você vai estar prestes a vivenciar um dia de prevenção da dor.

A segunda razão pela qual não vemos muitas pessoas buscando uma boa combinação de tarefas de ganho e de prevenção da dor é que até mesmo as pessoas que *efetivamente* planejam não *priorizam* com eficácia seu plano. Elas planejam primeiro as tarefas de prevenção da dor, pensando que farão o que têm que fazer. Só depois se dedicarão às tarefas de ganho e avançarão rumo às metas caso reste algum tempo. Mas, como agora você sabe muito bem, a lista de tarefas de prevenção da dor nunca acaba; sempre haverá afazeres rotineiros que colocarão suas tarefas de ganho em banho-maria.

A coisa acontece da seguinte maneira: você começa com boas intenções. Diz a si mesmo: "Se ao menos eu conseguisse começar hoje o plano para o novo *website*, o dia seria maravilhoso! Faz muito tempo que venho querendo fazer isso, e hoje é o dia! Vou só checar meu e-mail para ver se chegou alguma coisa antes de começar". Você já fez isso muitas vezes, não fez? Sabe o que fez de verdade? Você tomou uma má decisão. Decidiu prevenir a dor em vez de buscar o ganho — *de novo*. Você acaba de dizer: "Começar o meu novo *website* produziria excelentes resultados... mas vou checar meu e-mail para ver o que outra pessoa quer que eu faça hoje em vez disso". Não podemos realmente administrar *o tempo em si*. O tempo continua a passar, não importa o que decidamos fazer com ele. Só podemos administrar nossas *decisões*.

Outra razão pela qual essa abordagem não funciona é o fato de as tarefas de prevenção da dor exaurirem nossa energia. Pense na Figura 3.1; completar as tarefas elencadas na figura é um gasto de energia, não uma fonte dela. A cada hora de "ter que fazer" que se passa, você se sente mais esgotado e se move com mais lentidão.

No entanto, inserir uma tarefa de ganho no meio de um dia de prevenção da dor pode lhe conferir a energia necessária para progredir e tornar as tarefas de prevenção da dor mais breves, devido à motivação.

Por exemplo, você já notou quanto pode ser produtivo na semana que antecede suas férias? O que acontece nessa situação? Você trabalha até se sentir tão esgotado, que precisa e merece excelentes férias, de modo que faz um planejamento para aproveitá-las. Depois, à medida que a data se aproxima, você fica tão animado e energizado pelo ganho que o aguardo, que se sente capaz de conquistar qualquer coisa. Você lida com facilidade com as tarefas de prevenção da dor e até mesmo, sem nenhum problema, com projetos que estão parados há meses, porque sabe que não quer ficar pensando nessas pequenas coisas que esperam para ser feitas, no trabalho e em casa, quando estiver de férias. Você quer tirá-las do caminho para poder de fato relaxar e ter a experiência que *deseja*. Esse cenário lhe confere a energia necessária para completar com mais rapidez todas as suas tarefas de prevenção da dor.

Sair de férias é um exemplo fácil aqui, porque a expectativa e o entusiasmo são fontes óbvias de energia, e o ganho é evidente e imediato. Mas e quanto a outros tipos de metas, aquelas que podem ser mais difíceis de alcançar, como escrever um livro? Aprender um idioma? Abrir o próprio negócio? Inventar um novo produto? Essas são metas que, obviamente, requerem mais trabalho, disciplina, concentração, além de um prazo mais longo. Elas podem ser cansativas e difíceis. Podem envolver o fracasso e repetidas tentativas de realização — coisas que se parecem mais com *exterminadores* de energia! A gratificação tardia sem dúvida faz parte do processo caso venha a atingir uma dessas metas, ao contrário das férias, nas quais toda a experiência é de ganho, desde o início.

Portanto, a próxima coisa que faremos é discutir esses dois tipos diferentes de ganho ou metas.

DECOMPONDO O GANHO: CRIAÇÃO *VERSUS* CONSUMO

Dois tipos de ganho afetam sua motivação de maneira diferente das tarefas de prevenção da dor.

Como você sabe, tarefas e atividades de ganho são um movimento rumo ao aprimoramento, que fará sua vida progredir. No entanto, como você viu nos exemplos apresentados, existem dois tipos de metas: metas de consumo e metas de criação.

As metas de consumo são coisas como férias ou uma compra extravagante ocasional (porém bem-merecida), como uma refeição dispendiosa ou um relógio de luxo. Essas são metas divertidas; todo mundo precisa de algumas delas. Vale a pena trabalhar para obtê-las, e elas conferem as pequenas euforias da vida para compensar os momentos ruins. São algo para se celebrar, além de uma fonte saudável de energia no curto prazo. Não raro, você consegue suportar um dia particularmente difícil no trabalho, quando tudo parece estar dando errado, se pensar em alguma coisa agradável que vai fazer mais tarde, como sair para jantar fora ou até mesmo apenas pôr os pés para cima e assistir ao seu programa favorito na televisão.

Depois de atingir uma meta de consumo, você deve perguntar a si mesmo: está satisfeito por tê-la atingido? Ou você sente que desperdiçou tempo ou dinheiro? Excelentes férias nas quais você recupera a energia e encontra pessoas novas nunca é perda de tempo. No entanto, férias extravagantes, que estão além das suas possibilidades, mas que mesmo assim você paga com o cartão de crédito, não são uma coisa que vá lhe propiciar relaxamento e renovar sua energia, ou mesmo lhe proporcionar recordações tranquilas. Gostar de assistir a seu programa predileto na televisão ao lado de um amigo é uma tradição divertida que você deve aguardar com prazer. No entanto, se sentir que está desperdiçando seu tempo ao assistir a um número excessivo de programas sem sentido na televisão, sem nunca fazer nada de importante na vida, é preciso fazer algumas mudanças.

A diferença entre trabalhar arduamente e economizar dinheiro para determinada recompensa; e cometer regularmente excessos em compras, comida e coisas afins está no *modo como você se sente em relação a isso*. As pessoas, não raro, usam metas de consumo (por exemplo, recompensas como férias, roupas novas, produtos eletrônicos etc.) como terapia para o esgotamento e a depressão decorrentes da rotina. As metas de consumo são *divertidas*; na maioria das vezes, também bem-merecidas e até mesmo necessárias. Mas, embora possam lhe proporcionar um alívio das exigências de prevenção da dor, elas não vão lhe dar a sensação de progresso em relação ao ponto onde estava ontem ou no ano passado. São apenas uma fonte de energia temporária que será exaurida tão logo terminem e você volte ao seu estilo de vida de prevenção da dor. Se elas forem seu único tipo de meta, é improvável que você saia da rotina em que se encontra atualmente. Você pode até chegar a experimentar uma sensação de culpa por ter criado dívidas ou desperdiçado um tempo precioso.

Pense nas metas de consumo como uma *recompensa de curto prazo* pelo árduo trabalho que você fez. Você pode usá-las como fonte de energia e incentivo para chegar ao fim do dia, da semana ou do mês. Mas precisa equilibrá-las com metas de *criação*, objetivos que são mais significativos e que aprimorarão sua vida no longo prazo.

Precisamos tanto das metas de consumo quanto das de criação em nossa vida para nos sentir equilibrados e combater o esgotamento.

As metas de criação são aquelas que você anotou no final do Capítulo 1. Se tivesse atingido essas metas — seja em um, cinco ou dez anos —, sua vida seria diferente e melhor do que é hoje. Essas metas incluem coisas como conseguir uma promoção, obter um diploma de nível superior, abrir o próprio negócio, melhorar relacionamentos importantes, envolver-se em um grupo voluntário, criar novos relacionamentos para fins sociais ou de *networking*, projetar uma nova paisagem externa ou espaço interno para a sua casa, ou simplificar a aglomeração física, mental ou emocional de sua vida. As metas são admiravelmente exclusivas; qualquer coisa que faça sua vida progredir e a torne amanhã melhor do que é hoje é uma meta de criação. Escrever este livro, por exemplo, é uma importante meta de criação para mim.

A diferença entre esses dois tipos de metas é o impacto que elas causam em sua vida. As metas de criação têm impacto duradouro, de longo prazo; você se lembrará delas como algo muito importante. Embora divertidas e edificantes, as metas de consumo causam um impacto mais efêmero.

A seguir, examinaremos como esses dois tipos de metas criam e usam a energia de diferentes maneiras, e como obter a energia de que precisamos para buscar essas metas e executar nossas tarefas de prevenção da dor.

Capítulo 4

Energia e motivação

Decida como você vai obtê-las

São as nossas escolhas, Harry, que mostram o que realmente somos, muito mais do que nossas habilidades.
— Dumbledore, em Harry Potter
e a Câmara Secreta, de J. K. Rowling

Todas as tarefas e atividades requerem energia, e não apenas a energia física, que mantém seu corpo em movimento, mas também a motivação necessária para você se concentrar e levar um projeto à consecução sem ficar frustrado, distrair-se ou desistir dele.

Nós nos valemos de diferentes fontes de energia para as diferentes combinações de coisas que realizamos diariamente. Quer estejamos satisfazendo necessidades fisiológicas, prevenindo a dor das consequências ou trabalhando em prol de recompensas e resultados, nosso corpo e nossa mente trabalham em conjunto para nos *empurrar* ou *puxar* para a frente a cada dia. Usamos essas necessidades, consequências e recompensas como motivadores para trabalhar ou tomar iniciativas.

Todos estamos familiarizados com a motivação desde o momento em que nascemos, graças às nossas necessidades físicas. Como afirmei antes, os seres humanos são inerentemente impelidos a garantir a sobrevivência. Como essas necessidades básicas nunca vão embora, a motivação na sua forma mais básica faz parte da vida cotidiana. No entanto, como somos pessoas modernas, e não precisamos mais caçar e colher o dia inteiro para garantir a sobrevivência, temos uma motivação residual, um desejo de querer ou ser mais de alguma maneira, e essa motivação pode ser aplicada a outras coisas. Não estou falando apenas de dinheiro e sucesso, embora essas coisas, de fato, motivem muitas pessoas. Existe motivação quando há uma distância entre o ponto onde você está e o ponto onde deseja estar. Podemos desejar mais liberdade, mais controle sobre nossa vida, mais conhecimento, mais respeito ou mais segurança. Embora fatores específicos de motivação evoluam à medida que caminhamos pela vida, desejamos coisas diferentes e identificamos novas oportunidades de ganho, o processo de motivação faz parte de nós. Fomos feitos para buscar constantemente a satisfação e o aprimoramento em nossa vida. Examinamos no Capítulo 2 como sofremos quando isso fica ausente ou é sufocado de alguma maneira; é então que começamos a ver os efeitos do esgotamento e da depressão. A vida só fica equilibrada quando sentimos a motivação de *progredir* e quando identificamos algo rumo ao qual desejamos avançar.

Algumas pessoas dizem: "Estou muito feliz exatamente do jeito que estou! Não vou correr atrás do que é maior ou melhor; estou contente com a vida e aproveito cada minuto dela!" Eu respondo: bem, isso é maravilhoso! Mas o que você faz com seu tempo? De *que maneira* você aproveita a vida? Você explora sua criatividade? Viaja? Devora livros ou produtos da mídia para aprender mais a respeito de temas que despertam sua curiosidade? Você se oferece como voluntário para ajudar os menos afortunados? Esses são exemplos de coisas rumo às quais somos motivados a avançar. Elas representam ganho, crescimento e movimento — em uma direção exclusiva à escolha de cada um. Não se trata só de correr atrás de mais dinheiro ou sucesso; trata-se da motivação de continuar a crescer, desenvolver-nos e evoluir.

A motivação é fundamental para nossa sobrevivência, sendo uma parte inerente de quem somos. Desse modo, depois de satisfazer às nossas necessidades mais básicas e mais prementes, ainda temos a motivação, que nos confere energia. Temos instintos para maximizar o prazer e o bem-estar e minimizar a dor além do sentido físico — tal é a direção para a qual voltamos nossa energia depois que as necessidades de sobrevivência estão garantidas.

Em consequência, não deveríamos desperdiçar uma força tão grande executando apenas tarefas rotineiras como levar o lixo para fora e chegar ao trabalho na hora certa. Para explorar as maneiras de usar nossa motivação não apenas para completar tarefas de prevenção da dor, mas também para avançar rumo ao ganho, talvez seja proveitoso dar uma olhada em como a constituição química do nosso cérebro — e sua missão de sobrevivência — poderá nos ajudar a prosperar ao longo do caminho.

O QUE SEU CÉREBRO PODE FAZER POR VOCÊ?

É claro que existe uma neurociência complicada por trás de como funciona a constituição química do cérebro, mas vamos examiná-la em um nível bem básico. As substâncias químicas fazem coisas como nos ajudar a superar obstáculos e perseverar em tarefas, condicionando-nos a buscar um comportamento satisfatório e nos encorajando a reunir energia.

Essa necessidade de motivação e perseverança é básica para nossa sobrevivência. Quando nossos ancestrais necessitavam trabalhar o dia inteiro para caçar e colher alimentos, encontrar abrigo ou fugir de predadores, precisavam que a constituição química de seu corpo cooperasse e trabalhasse *com* eles, e não *contra* eles. Duvido muito de que homens da caverna preguiçosos ou distraídos vivessem muito tempo. Eles tinham endorfinas trabalhando a favor deles para ajudar a anestesiar a dor, possibilitando assim que continuassem a lutar pela sobrevivência. Tinham a dopamina e a serotonina para condicioná-los a repetir comportamentos que conduziam a recompensas. E a adrenalina lhes conferia a capacidade de entrar em ação e lutar ou fugir na presença de uma ameaça.

O curioso é que os primeiros seres humanos não tinham estudos neurobiológicos e psicológicos que lhes dissessem *como* usar essas ferramentas ou que explicassem como o cérebro funciona com ou sem essas irrupções químicas. Apenas usavam o que estava à mão para sobreviver, e tudo o que importava era de fato a sobrevivência. Não encaravam isso como um jeito medíocre de viver; apenas essa era a única meta deles. Sua motivação de viver e sobreviver era uma força motriz inata, e possuíam ferramentas que precisavam para alcançar esse objetivo.

Ainda temos essas ferramentas hoje em dia, e também temos muito mais conhecimento a respeito delas, graças a alguns séculos de pesquisas e progresso na psicologia e na biologia. No entanto, ainda as utilizamos mais ou menos da mesma maneira: recorrendo a elas de modo subconsciente quando precisamos de motivação, energia e concentração.

A dopamina, por exemplo, é uma substância química que ocorre naturalmente no cérebro, permitindo-nos reconhecer o prazer e a felicidade. Seus níveis aumentam quando recebemos uma recompensa por alguma atividade, o que condiciona o cérebro a repetir ao longo do tempo esses comportamentos voltados para a recompensa. Uma vez mais, o cérebro nos proporcionou esse serviço para favorecer a sobrevivência. Ajudou-nos a aprender quais técnicas funcionavam melhor para caçar, encontrar comida e escapar dos predadores. Podíamos, portanto, apelar para esse conhecimento, dia após dia, a fim de completar todas essas atividades com mais eficiência. Estudos modernos com animais de laboratório têm ilustrado os efeitos da dopamina. Esses estudos relatam que a privação da dopamina é de tal maneira prejudicial, que fez com que os animais perdessem a motivação para comer, apesar de estarem famintos. Sem essa útil substância química, não saberíamos quais comportamentos ter para obter o que queremos.

As endorfinas, das quais existem fontes naturais e artificiais, também trabalham arduamente em nosso benefício. Você alguma vez incluiu um item que já tenha completado na sua lista de coisas a fazer só para poder riscá-lo depois? Elaborar uma longa lista de coisas que você "tem que fazer" pode ser, no mínimo, pouco inspirador. Mas eliminar tarefas já concluídas nos confere a sensação de que realizamos alguma coisa. Sentimos uma pequena euforia — e experimentamos um impulso rumo ao progresso. É um macete que utilizamos para tentar obter um pequeno ímpeto de motivação positiva e um surto de endorfinas, a fim de que tenhamos vontade de começar a fazer a coisa seguinte.

As endorfinas são um analgésico interno que nosso corpo produz como reação ao estresse, ao medo, ao prazer, à dor, ao entusiasmo e a outros estímulos. Seu propósito natural é disfarçar a dor e evidenciar as sensações de euforia e bem-estar, possibilitando assim que você continue seu progresso. Trata-se de um atavismo primordial da reação de lutar ou fugir das ameaças. As endorfinas possibilitam que superemos temporariamente obstáculos (como a dor e a exaustão) para desempenhar qualquer tarefa que tenhamos diante de nós, o que equivale a ter a capacidade de fugir de predadores ao longo de grandes distâncias. Essas sensações de euforia que disfarçam a dor, que nosso corpo é treinado a produzir, podem ser recriadas por fontes artificiais de endorfinas, entre elas, as drogas e o álcool. No entanto, tais fontes artificiais envolvem o perigo do vício e da toxicidade, e, com o uso continuado, bloqueiam a capacidade do corpo de produzir o tipo *natural*. Isso é perigoso, porque, uma vez que a capacidade de produzir endorfinas naturais se reduz, a dependência do tipo artificial aumenta. É assim que se inicia o ciclo de dependência das fontes artificiais.

A boa notícia é que existem muitas maneiras naturais de obter as endorfinas que buscamos sem precisar recorrer a fontes artificiais. Além de nos ajudar no que diz respeito à sobrevivência primitiva, já foi demonstrado que as endorfinas naturais são liberadas em reação a estímulos físicos como exercícios, consumo de pimenta-malagueta ou chocolate, romance, acupuntura e exposição à luz do sol natural ou artificial, bem como a grandes emoções, como andar na montanha-russa, e estímulos mentais, como a atenção das outras pessoas, o reconhecimento, o riso, a competição ou (o que é extremamente relevante para nosso tema) *a sensação de realização*. Concluir uma tarefa de qualquer tamanho ou importância nos proporciona aquele pequeno ímpeto de energia e entusiasmo proveniente da realização. Quanto mais importante a tarefa completada, mais felizes, confiantes e poderosos nos sentimos.

A liberação de endorfinas é uma experiência positiva de que nós, humanos, *gostamos*, o que nos impele a repetir atividades, tarefas ou experiências que as produzem. As endorfinas podem criar uma sensação de entusiasmo e bem-estar a partir da simples *expectativa* de uma coisa agradável, como a maneira de nos sentirmos um pouco antes de sair de férias. Elas fazem as tarefas parecerem mais fáceis, e o trabalho, menos penoso; uma jornada ou tarefa que começa árdua e insuportável torna-se mais fácil à medida que nos aproximamos da linha de chegada, e a última etapa em geral nos proporciona um ímpeto de energia — graças às endorfinas — que nos carrega até o fim.

Quando estamos sentindo qualquer tipo de dor — física, emocional ou até mesmo estados mentais desagradáveis, como tédio e dispersão —, o cérebro busca endorfinas para reproduzir essa sensação indolor. É quando nos vemos gravitando em direção a pensamentos de recompensas e estímulos que produzam endorfinas.

Podemos recorrer às sensações positivas que as endorfinas produzem para ter mais facilidade em perseverar e continuar a avançar rumo ao ganho, apesar dos desafios que enfrentamos ao longo do caminho.

Se considerarmos a dopamina e as endorfinas como "ataque" — substâncias que nos impelem a satisfazer nossas necessidades —, podemos então considerar a adrenalina como "defesa". Nosso corpo produz adrenalina para nos conduzir à segurança* quando surgem ameaças. É a clássica reação de lutar ou fugir diante do medo ou do perigo. Trata-se de outra ferramenta de sobrevivência, cujo

---

* O autor faz uma comparação com o futebol americano. Ataque, defesa e segurança. (N. dos T.)

propósito é ser usada em situações de emergência. No entanto, algumas pessoas a consideram tão eficaz e estimulante, que descobrem maneiras de buscá-la com frequência, até mesmo por meio de atividades potencialmente perigosas, como o *base jumping* ou o *skydiving*.

Os propósitos ofensivos e defensivos dessas substâncias químicas indicam o propósito duplo de nossa motivação inata: maximizar o prazer e buscar recompensas, e também minimizar a dor e garantir a sobrevivência, ou seja, buscar o ganho e prevenir a dor. Nosso cérebro nos impele a fazer as duas coisas, e esse efeito de *empurrar e puxar* nos motiva a cada dia.

Nossa motivação básica para sobreviver decorre tão somente do medo das consequências. Se não comermos, não fugirmos dos predadores e não procriarmos, morreremos. Nossos ancestrais não precisavam pensar a respeito dessas coisas; apenas realizavam-nas instintivamente. Tinham consciência das consequências se não as realizassem. Nós atuamos sob esse mesmo ponto de vista hoje quando completamos as tarefas de prevenção da dor: o medo das consequências. O medo continua a ser um motivador básico quando pensamos no que "temos que fazer". No entanto, como não precisamos de fato nos preocupar com a *sobrevivência* do mesmo modo que nossos antepassados, temos mais tempo disponível e a capacidade de pensar a respeito do que *mais* queremos fazer *além de* apenas sobreviver. Nossos ancestrais nunca tinham tempo para isso. Hoje, entretanto, temos os benefícios de fontes de alimento previsíveis, domesticação de animais, civilizações avançadas, industrialização, sistemas agrícolas e assim por diante. O maior presente que todos esses milênios de progresso nos proporcionaram foi a oportunidade de podermos nos perguntar: O que eu quero fazer com a minha vida? Que tipo de ganho desejo buscar? *Esta é a segunda categoria de motivação: o desejo.*

> **As duas categorias de motivação são o *medo* e o *desejo*. Temos *medo* da dor das consequências de não fazer alguma coisa que "temos que fazer". *Desejamos* os resultados ocasionados pelo ganho e pelo movimento em nossa vida.**

Extraímos energia das duas categorias e usamos as mesmas ferramentas que nosso cérebro nos fornece para tentar maximizar ambas. *Decidimos com qual categoria vamos trabalhar*. E essa decisão exerce uma grande influência no fato de *administrarmos* nossa vida e permanecermos onde estamos ou *conduzirmos* nossa vida para a frente e a tornarmos melhor.

ENERGIA PROVENIENTE DO DESEJO: CRIAÇÃO E CONSUMO

Quando buscamos uma meta de *criação* – o tipo de ganho que nos faz avançar no *continuum* de resultados –, começamos a ver resultados, e isso nos inspira. A diferença entre essa meta e uma de consumo é que a recompensa da meta de criação chega *depois* de termos feito o trabalho. Obtemos endorfinas com a sensação de realização que acompanha a consecução das tarefas de ganho. Sentimos que a recompensa foi compatível com o esforço e usamos essa euforia para chegar ao final de cada passo intermediário. Quando você sabe que o ganho está a caminho e sua vida está melhorando, a sensação é maravilhosa – e ela o ajuda a completar todas as tarefas que você "tem que fazer".

A energia que você usa para executar as tarefas de prevenção da dor é proveniente da busca do ganho.

Também podemos usar as endorfinas e o entusiasmo do consumo para alimentar as tarefas de ganho de criação. Use a energia obtida enquanto aguarda com prazer suas férias maravilhosas para motivá-lo a completar tarefas de ganho para uma meta de criação. É uma maneira de manter uma atitude positiva e permanecer afastado da rotina.

Embora o impacto das metas de criação dure mais tempo, nem todas levam um longo tempo para ser realizadas. Você pode escrever um artigo que deseja publicar em apenas uma noite. Pode passar uma hora se exercitando e se sentir bem o dia inteiro. Pode participar de um seminário profissional para desenvolver suas habilidades. Mas, se você tem uma meta de criação de longo prazo rumo à qual deseja avançar, usar a energia de metas de consumo ou de recompensas intermediárias é uma excelente maneira de atingi-la.

Quando você tem uma meta de longo prazo, é crucial celebrar e gratificar a si mesmo ao longo do caminho. Se tentar esperar até que a coisa toda termine para se sentir recompensado, você corre o risco de ficar exausto e desistir antes de chegar lá. Compartilhe momentos importantes com quem deseja que você seja bem-sucedido. Use a energia positiva que você extrairá deles para lhe conferir o ímpeto necessário a fim de prosseguir, sem correr o risco de uma desistência.

Não se deixe envolver demais com as minúcias de um projeto de longo prazo, para não perder de vista o *destino*. Obter um diploma universitário ou uma certificação profissional é uma realização a ser celebrada, mas, se esperar quatro anos até essa conquista sem comemorar nenhuma meta de consumo ao longo do caminho, poderá ficar exausto antes de alcançar o sucesso. Se planeja participar de uma maratona, você precisa celebrar cada corrida de cinco ou dez quilômetros que complete para se preparar para o grande dia, ou gratificar-se a cada cinco sessões de treinamento com alguma coisa que o faça ter vontade de prosseguir. Se estiver expandindo seu negócio, celebre cada passo ao longo do caminho a fim de tornar a grande quantidade de horas extras menos penosa. Mesmo que esteja apenas acompanhando seu progresso rumo a uma nova meta de vendas, observar os resultados pode liberar endorfinas e lhe proporcionar o ímpeto de que precisa para continuar a avançar. Pense também nos relacionamentos significativos que você tem como metas de criação duradouras. Esses compromissos no longo prazo podem se perder nas minúcias da vida cotidiana se não cuidarmos deles. A celebração de momentos importantes e metas de consumo compartilhadas com quem faz parte de sua vida renovam seu compromisso com o processo e o entusiasmo pelo sucesso, revigorando assim sua energia em relação à meta.

A Figura 4.1 mostra as diferentes maneiras de as metas de criação e de consumo produzirem endorfinas.

As metas de consumo fazem isso de *maneira imediata*, proporcionando entusiasmo *durante* o consumo, enquanto você se diverte, e por algum tempo *após* o consumo, em decorrência das memórias que você formou e dos relacionamentos que construiu. Essa é a recompensa que você antevê e que a faz completar sua tarefa de prevenção da dor.

Pesquisadores que conduziram um estudo sobre como as férias afetam os níveis de felicidade descobriram que o maior impulso na disposição de ânimo

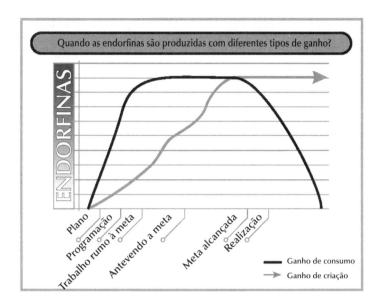

Figura 4.1

ocorreu com o simples *planejamento* das férias, e que os níveis permaneceram elevados durante um período de até oito semanas antes da saída. No entanto, a felicidade voltou aos níveis da linha de base quase imediatamente após as férias. Até mesmo os poucos que relataram experiências extraordinariamente fenomenais exibiram um aumento de felicidade durante apenas duas semanas depois das férias. O estudo provou que, embora as metas de consumo de fato deixem as pessoas felizes e estejam correlacionadas ao aumento de produtividade, o efeito é sentido em grande parte no estágio da expectativa, sendo posteriormente de curta duração.

É claro que isso não é motivo para *prescindir* inteiramente das metas de consumo; outro estudo descobriu que pessoas que se privavam de férias eram mais tensas, deprimidas e cansadas — e até mesmo oito vezes mais propensas a desenvolver doenças cardíacas do que aquelas que tiravam férias regularmente. Desse modo, embora o efeito gratificante das metas de consumo possa ser efêmero, ainda assim é necessário e valioso para a motivação no longo prazo.[1, 2]

O fato de a gratificação ser tardia no caso das metas de criação torna mais difícil iniciá-las, em comparação com as metas de consumo. Se você estudar bastante, terá uma boa nota no fim do semestre; se trabalhar arduamente, receberá uma promoção. A liberação de endorfinas que você experimenta depois de atingir uma meta de criação — aquela sensação de euforia e orgulho — é a recompensa por ter realizado alguma coisa. Mas a ideia implícita na meta de criação — "Você se sentirá magnífico *depois* que o fizer!" — não consegue convencer a maioria das pessoas tanto quanto a ideia implícita na meta de consumo — "Você se divertirá *enquanto* o fizer!" É por esse motivo que a maioria das pessoas busca ganhos como férias, compras e refeições elaboradas em vez de formar *sweat equity** para abrir um novo negócio, virar a noite para inventar ou escrever alguma coisa nova, fazer dieta e exercícios durante um ano para atingir uma meta de perda de peso, dedicar-se de corpo e alma à criação de novos trabalhos artísticos, ou até mesmo dar os passos necessários para melhorar relacionamentos aos quais se dê importância, tornando-se um melhor cônjuge, irmão, pai, mãe ou amigo. Mas também é o motivo pelo qual muitas pessoas se encontram estagnadas na vida, sem saber como progredir. As metas de consumo só podem lhe proporcionar um breve alívio antes de você voltar ao mesmo lugar na vida que o fez desejar uma folga. Somente as metas de criação podem fazê-lo sair desse lugar.

Embora as recompensas possam ser grandes, o tempo, o sacrifício e o trabalho árduo que estão com frequência envolvidos nas metas de criação de longo prazo podem ser, a princípio, desalentadores. Há muitos anos, por exemplo, quando minha esposa estava pensando em fazer uma pós-graduação à noite, ela lamentou ter que passar cinco anos estudando para receber o título. Uma pessoa sábia disse-lhe o seguinte: "Os cinco anos vão passar de qualquer jeito. Quando eles passarem, você vai querer ainda estar pensando no assunto, ou vai querer mostrar um diploma?" Em outras palavras: o tempo em si não vai mudar nossa situação de vida. Quando cinco anos se passarem, ainda estaremos no mesmo lugar onde estamos hoje, a não ser que nos esforcemos para melhorar e seguir adiante. A única diferença entre a vida estar estática daqui a cinco anos e minha esposa alcançar uma grande realização com recompensas para a vida inteira era começar naquele momento e fazer o esforço necessário. Foi uma ideia poderosa para nós, tornando-se a pedra angular para nossas decisões. O tempo

---

* O *sweat equity* é uma forma de remuneração em que os fundadores de uma empresa dão parte do capital desta em troca do trabalho de outra pessoa. (N. dos T.)

passa. Se, enquanto ele passar, você se esforçar para tornar o futuro melhor do que é hoje, poderá experimentar resultados positivos no longo prazo.

Os resultados que você obtém quando cumpre uma meta de criação podem ser permanentes. Obter um diploma universitário significa beneficiar-se dele pelo resto da vida. Receber um prêmio na carreira significa tê-lo, e o respeito que o acompanha, pelo restante de sua carreira. Inventar um novo produto significa ser para sempre o inventor desse produto. Escalar uma montanha ou participar de uma maratona significa ter para sempre essa realização, que lhe conferirá orgulho, confiança e experiência. O impacto dessas realizações arduamente conquistadas na autoestima e na autoconfiança pode durar a vida inteira. Em contrapartida, por mais necessárias que as metas de consumo regulares sejam, o impacto delas no seu moral e na sua energia é efêmero. É por esse motivo que as procuramos com frequência! O incentivo da endorfina oriundo das metas de consumo pode ser descrito como "fácil se tem, fácil se perde", mas buscamos com regularidade uma grande quantidade dessas pequenas porções de ânimo para manter a satisfação e a tranquilidade.

A recompensa tardia das metas de criação podem pôr à prova sua determinação e desafiar sua perseverança, não importa se você ama ou não o trabalho envolvido na consecução da meta. Mas essa é a natureza dessas tarefas; se elas não representassem um desafio, você já as teria concluído há muito tempo. Esse é justamente o trabalho árduo do qual você obtém as endorfinas, o trabalho por cuja recompensa você anseia, embora o orgulho e a sensação de euforia que o acompanham só venham a ocorrer depois que o trabalho está concluído.

Desse modo, embora as metas de criação de longo prazo quase sempre exijam mais energia, motivação, inspiração, trabalho e sacrifícios para ser alcançadas, elas merecem o esforço adicional, pois as *recompensas que elas lhe proporcionarão vão causar um impacto de longo prazo na qualidade de sua vida em relação àquelas provenientes das metas de consumo.* Esse não é um dilema do tipo e/ou. Para ser mais exato, é a conscientização de que *tanto* as metas de consumo *quanto* as de criação são necessárias para você se sentir em equilíbrio e evitar o esgotamento, e é preciso compreender como funcionam as recompensas para cada uma. Você pode planejar usar a energia que extrai das metas de consumo não apenas para completar tarefas de prevenção da dor, mas também para *tirar proveito* desse ímpeto de energia a fim de executar as tarefas de ganho visando suas metas de criação.

ENERGIA PROVENIENTE DO MEDO: PROCRASTINAÇÃO

Digamos que você ainda não tenha aderido completamente ao ganho ou que não tenha concluído um número suficiente de tarefas do tipo A para chegar ao final da sua lista diária de prevenção da dor. Algumas das tarefas de prevenção da dor têm um prazo final? Você está se sentindo fracassado ou nervoso enquanto examina a lista com essas tarefas? Bem, existe outra maneira de obter sua energia. Ela se chama procrastinação. Provavelmente você está familiarizado com o que está prestes a lhe acontecer. Você sentirá um pico de adrenalina muito em breve. É assim que obtemos energia a partir do medo!

A procrastinação é a decisão que você toma quando opta por extrair energia do medo das consequências em vez de retirá-la das tarefas de ganho. Você espera até chegar tão próximo do prazo final para realizar uma tarefa, que fica aterrorizado ao pensar que talvez não consiga concluí-la a tempo, e terá então que enfrentar as consequências. Esse medo lhe proporciona o pico de energia de que precisa para executar a tarefa. O ímpeto de adrenalina que ele produz é idêntico ao da reação de lutar ou fugir que temos diante do medo em nosso DNA. Trata-se de uma reação de estresse que é, na realidade, proveitosa para o corpo e a mente no curto prazo, porque lhe possibilita concentrar toda a sua energia na ameaça próxima, aumentando desse modo suas chances de sobrevivência. E, embora entregar um relatório para seu chefe no prazo não seja a mesma coisa que fugir de um predador, nosso corpo reage praticamente da mesma maneira às duas coisas. O medo nos impele à ação.

Essa é a razão pela qual adiantamos o despertador dez ou até mesmo quinze minutos; dessa maneira, quando acordamos, nossa reação é: "Poxa! Estou atrasado". Assim recebemos aquele pequeno pico de adrenalina que nos ajuda a sair da cama.

A procrastinação é o uso do medo para que façamos algo que não queremos fazer.

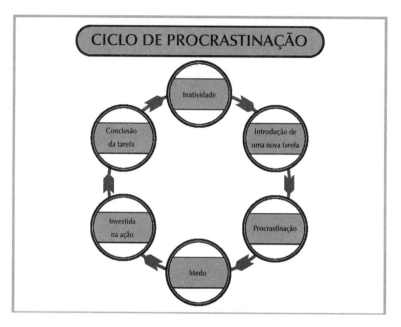

Figura 4.2

Sei que você não está com vontade de fazer isso e você também sabe que não está, então é só esperar dar meia hora antes do prazo final, aí você mete medo em si mesmo e fará o que tem que fazer!

A Figura 4.2 ilustra o ciclo da procrastinação. Digamos que você tenha que entregar um trabalho para a faculdade cujo prazo está vencendo, mas você não está com a menor vontade de fazê-lo. Então aguarda até que o medo das consequências o faça entrar em ação, e termina o trabalho em cima da hora. Depois, uma vez que o medo tenha passado, você volta à inação e fica desmotivado. Quando surge a próxima tarefa, você reinicia o ciclo.

Muitas pessoas usam a procrastinação de uma tarefa extremamente demorada para obter a energia necessária a fim de realizar outras coisas que vêm adiando. É por esse motivo que, quando você tem um enorme relatório mensal para entregar no dia seguinte, em vez de se dedicar a ele, opta por terminar o relatório de despesas, responder a mensagens, limpar sua mesa e organizar os arquivos. Se você vai se mudar daqui a algumas semanas e precisa começar a embalar as coisas do porão, em vez disso começa a arrumar a gaveta de meias ou a instalar um novo sistema de pastas para e-mail.

A procrastinação ganhou má reputação na maioria dos cursos de administração do tempo e de liderança — e por bons motivos. Ela é o pior mau hábito de administração do tempo, estando geralmente associada a preguiça, fraqueza, desorganização e falta de autodisciplina. Então, por que *todos* nós agimos assim? Bem, acontece que adiar o inevitável traz, na verdade, alguns *benefícios*. Em alguns casos, a procrastinação pode fazer mais bem do que mal.

Benefícios da procrastinação

1. **Energia**: esse é o benefício mais valioso, no sentido de que o capacita a fazer o que não queria fazer. É evidente que você não estava ansioso para executar essa tarefa, caso contrário, não a teria adiado por tanto tempo. Se esperar até que o medo das consequências o faça agir com relação a uma tarefa, o ímpeto de adrenalina o motivará a se lançar imediatamente sobre ela. E, como todo mundo sabe, começar um projeto que você não quer fazer é a parte mais difícil. Se precisava de uma onda de medo para entrar em ação e mergulhar de cabeça no projeto, então você a encontrou ao procrastinar. E pronto! Você iniciou a tarefa, o que significa que está a caminho de finalizá-la.
2. **Foco**: esse é o segundo benefício mais valioso da procrastinação, e o motivo pelo qual algumas pessoas *prosperam* quando trabalham sob pressão. O medo proporciona força adicional, um foco claro e concentração na tarefa em questão. A adrenalina começa a se precipitar à medida que o prazo final se aproxima. De repente, você se recusa a tolerar quaisquer interrupções ou permitir quaisquer distrações externas — como telefone, e-mails ou visitas — até ter terminado certa tarefa. O medo pode despertá-lo e lhe proporcionar a espécie de lucidez mental oriunda de uma boa noite de sono ou do estímulo da cafeína.
3. **Velocidade**: se vai levar uma hora para completar uma tarefa e tem exatamente uma hora até o prazo final, não existe a menor possibilidade de desperdiçar mais tempo. Você não se deu o luxo de fazer uma pausa no meio, deixando a mente divagar, ou de conceder a essa tarefa mais tempo

que o necessário. Daqui a uma hora, você será definitivamente capaz de eliminá-la da sua lista de coisas a fazer.

4. **Menos esforço**: você não precisa de disciplina para começar e permanecer concentrado em uma tarefa; o prazo final e o medo das consequências farão isso por você. Seria necessária muita disciplina para concluir aquele relatório de quatro horas vários dias antes do prazo final, ou acordar e começar a arrumar o porão imediatamente, mas agora você não precisa de disciplina; em vez disso, tem o medo para motivá-lo. Isso é muito importante, porque a disciplina não é divertida — é penosa! Embora possa parecer um grande esforço trabalhar em um ritmo frenético para fazer algo no último minuto, você empregou o medo e a adrenalina para entrar em ação. Não precisou reunir a quantidade de energia necessária para se obrigar a começar o projeto.

Eis o que acontece.

Sendo assim, é bem provável que você se pergunte todas as vezes que procrastina: "Por que eu faço isso comigo?" A resposta agora está clara: para *conseguir a energia* de que precisa para fazer coisas que não quer fazer. Seu nível de *energia* se intensifica, você *se concentra* e torna-se mais capaz de evitar distrações. Sua *agilidade* aumenta; você acelera o ritmo para garantir que a tarefa seja finalizada no prazo. E você faz *menos esforço*; é mais fácil! Esses são os benefícios da procrastinação.

Parece bom para mim! Não parece?

É por isso que muitas pessoas dizem: "Eu trabalho muito melhor quando faço as coisas no último minuto". O medo é um motivador eficaz para elas. Esperar até o prazo final cria um ambiente de urgência que dá a impressão de eficiência. Você completa uma grande quantidade de trabalho em pouco tempo, portanto deve ser algo bom, certo? Mas você não está realmente avaliando a qualidade, e sim a quantidade, já que, pelo menos, *certa* quantidade de trabalho efetivamente foi concluída. Porém, você produz mesmo seu melhor trabalho quando está tão apressado? Gera no último minuto o mesmo trabalho de qualidade que geraria se concedesse a si mesmo o tempo apropriado?

Isso nos leva às razões pelas quais a procrastinação tem uma reputação tão ruim.

Problemas da procrastinação

1. **Estresse:** você se coloca sob pressão quando procrastina. A comunidade médica tem feito advertências contra o estresse e deixado extremamente claros seus inúmeros riscos sobre a saúde. Embora os surtos de energia no curto prazo, em situações de lutar ou fugir, tenham sido concebidos para nos ajudar a sobreviver, não foram feitos para ser sustentados durante um longo período. Criar um estilo de vida baseado na procrastinação não é exatamente saudável nem relaxante. O estresse foi a princípio um método de sobrevivência, mas sabemos que, se você se colocar no modo de sobrevivência por um tempo excessivo, vai enfrentar as consequências de ficar esgotado. Como você se sente depois de permanecer durante algum tempo em um ciclo de procrastinação e depois pressa para cumprir prazos finais? Desgastado, estressado, cansado, desequilibrado e fracassado? Esse não é um método sustentável para trabalhar nem para administrar sua vida.

2. **Qualidade inferior:** a pressão e a qualidade têm um relacionamento desfavorável. Elas não gostam uma da outra. Quando a pressão aumenta, a qualidade com frequência diminui. Você já viu alguém entrar em colapso sob pressão? Por exemplo, atletas que colocam a perder um grande jogo, propostas que contêm erros bobos, pessoas que cometem gafes em entrevistas? E quanto aos produtos que são lançados sob a pressão de um prazo final, que têm um *recall* feito pouco depois, devido a riscos de segurança?

    Projetos ou tarefas finalizados no último minuto com frequência carecem de perspectiva, ideias, clareza, reflexão, pesquisa e contribuição de outras pessoas. O medo do prazo final bloqueia a criatividade e conduz a um raciocínio limitado. Se você descobrir que vai precisar de mais tempo do que imaginou, fica preso aos limites de qualidade que conseguir produzir até a chegada do prazo final. Isso também pode impedir que outras pessoas usem a capacidade delas de realizar um trabalho de alta qualidade, porque dependem do trabalho que você faz.

Todos já vimos esse problema acontecer nos negócios. Vi empresas enviarem propostas de milhões de dólares concluídas no último minuto com o *nome de outro cliente* escrito nelas. Já participei de reuniões que desperdiçaram o tempo de todos os envolvidos porque eram uma tentativa de última hora para reunir todo mundo. Já vi pessoas processarem empresas porque resultados financeiros foram calculados incorretamente em relatórios de impostos feitos no último minuto.

Quando você espera até o último minuto, geralmente não produz o mesmo trabalho de qualidade de que é capaz quando destina a ele o tempo necessário. Isso significa apenas que você deve decidir com antecedência o tipo de qualidade que deseja associar ao seu trabalho, em vez de deixar que o prazo final decida por você.

3. **Menos controle e conveniência.** A procrastinação também torna o prazo final responsável pela sua vida. Afinal de contas, você tem uma escolha com relação a quando vai executar a tarefa, mas, uma vez que o prazo final chega, a escolha deixa de ser sua. Você tem então que correr contra o relógio para completar a tarefa. Não tem a opção de dedicar sua atenção a qualquer outra coisa. Precisa permanecer concentrado no seu prazo final até a tarefa estar concluída.

O último minuto não é geralmente o melhor momento, nem o mais conveniente, para se executar uma tarefa. Relacionamos a agilidade como um dos benefícios da procrastinação porque a energia e a adrenalina que você produziu em resposta ao medo das consequências podem motivá-lo a acelerar seu ritmo e trabalhar mais rápido. Mas e se fazer algo mais rápido não estiver nas suas mãos? Às vezes, a tarefa pode demorar mais para ser concluída do que se a tivesse executado mais cedo.

Digamos, por exemplo, que você veja a luz do combustível acender no painel do carro, sabendo portanto que o tanque estará vazio quando rodar mais dezesseis quilômetros. Quem ou o que está no controle do que você está fazendo agora? Não é você; quem está no controle é o tanque de gasolina. Por consequência, o melhor que você tem a fazer é procurar o posto mais próximo em vez de continuar na via mais rápida em direção ao seu destino. No entanto, se tivesse parado ontem, quando ainda podia rodar oitenta quilômetros com o tanque, poderia ter parado em qualquer um dos postos no trajeto do trabalho para casa sem nenhum inconveniente.

O mesmo é válido no que diz respeito a pegar o carro para fazer pequenas coisas durante a hora do *rush*. Você levará o dobro do tempo para chegar a qualquer lugar nessa hora. E quanto a tentar sair para almoçar no Dia das Mães? Esqueça. É bem provável que você visite uns vinte restaurantes antes de desistir e resolver pegar uma quentinha para comer em casa (e lidar com as consequências).

Ou você já tentou concluir um projeto de trabalho no último minuto, mas descobriu que precisava de informações fundamentais de uma pessoa que estava de férias nesse dia? Se algum dia fez isso, é bem provável que esteja se encolhendo agora enquanto se lembra do constrangimento por que passou. Não há como ocultar o fato de que você procrastinou e não respeitou suficientemente o projeto para conceder a ele o tempo, a atenção e a reflexão que ele exigia.

Quando você espera até o último minuto, renuncia à capacidade de escolher a quantidade de tempo mais conveniente e mais rápida para que uma tarefa seja realizada. Você desiste do controle sobre a situação e, em essência, joga com a sorte, esperando que os astros o favoreçam e você consiga completar as tarefas dentro do prazo. Esse problema complicado pode ter sérias implicações, tanto nos negócios quanto na vida pessoal.

O JULGAMENTO FINAL DA PROCRASTINAÇÃO

Agora que avaliamos os benefícios e problemas relacionados com a procrastinação, é chegada a hora do julgamento final: quando a qualidade não importa, é aceitável procrastinar. A qualidade de muitas tarefas de prevenção da dor, como checar recados na secretária eletrônica, arquivar coisas, ir ao supermercado, lavar a roupa ou levar o lixo para fora, não é nem um pouco afetada se você as executar no último minuto. Reflexão, análise, pesquisa, *feedback*, *brainstorming*, raciocínio dedutivo ou meditação profunda não são necessários nesses casos. Portanto, use esse ímpeto de energia e foco provenientes da procrastinação para completar suas tarefas de prevenção da dor ou do tipo C! Ninguém está julgando sua *competência* enquanto você leva o lixo para fora; a única coisa importante é que você execute essa tarefa. E, desde que as contas sejam pagas até o vencimento, tudo está ok. Deixe que o medo de perder um prazo final o faça entrar em ação para completar coisas inexpressivas do tipo "ter que fazer", para cuja execução você não consegue reunir energia.

O problema com os procrastinadores crônicos é que eles procrastinam *tudo*: desde tarefas do tipo A às do tipo C. E a procrastinação não funciona quando algo vai ser documentado — ou será lembrado por um longo tempo. Você acabará se lastimando por ter esperado tanto tempo e ter tido que colocar seu nome em uma coisa que não está à altura dos seus padrões. *Você não pode usar o medo como motivador quando a qualidade é importante.* O medo é um motivador eficaz, mas deixa de nos motivar depois que as consequências desaparecem. E o estresse que ele causa é exaustivo, podendo roubar mais energia do que cria. Pense no seguinte: como você se sente depois de um dia inteiro fazendo tudo às pressas, sentindo um nó no estômago e preocupado com a possibilidade de perder um prazo final? Dificilmente vai querer fazer algo mais do que se sentar para assistir à televisão, ou talvez queira apenas tomar um remédio para dor de cabeça e ir para a cama. Como isso afeta sua vida familiar? Não deve ser muito agradável ficar perto de você depois de um dia como esse, e você está a caminho de um sério esgotamento.

Se o medo for escolhido como fonte de energia, é preciso procrastinar continuamente e amedrontar a si mesmo repetidas vezes. É assim que as pessoas entram em ciclos de procrastinação, pressa e estresse, que parecem ser eternos, tornando-se um estilo de vida. Elas não sabem como se motivar de outra maneira para entrar em ação.

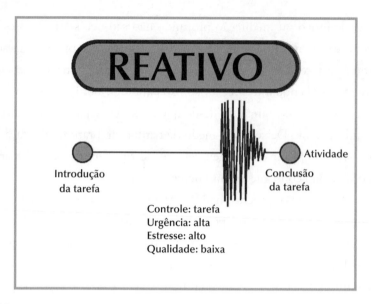

Figura 4.3

Quando nos comportamos de maneira *reativa*, com um pico de atividade logo antes do prazo final, o estresse e a urgência são altos, a qualidade é medíocre ou inferior, e o prazo final está no controle. (Veja a Figura 4.3.)

Mas, quando agimos de modo *proativo*, o estresse e a urgência são baixos, a qualidade é tão alta quanto for possível torná-la, e você é quem está no controle. (Veja a Figura 4.4.)

Quando a qualidade é importante, você precisa extrair a energia de que necessita para executar o trabalho de outra coisa que não seja o medo — de uma fonte de energia mais sustentável, ou, sendo mais específico, do ganho em sua vida. O ganho motiva e inspira continuamente. Os procrastinadores crônicos que vivem em função de prazos finais *abrem mão do ganho* — das coisas que de fato desejam na vida —, porque as tarefas de ganho não têm prazos finais ou consequências se você não executá-las. Procrastinadores estão sempre pensando *tenho que, tenho que, tenho que*, e nunca chegam ao que *realmente querem*.

Esperar que o medo nos motive é um modelo reativo de comportamento em vez de um modelo proativo. Em vez de viver em função do "Trabalho melhor no último minuto", por que não adotar a abordagem "Trabalho melhor quando chego à conclusão de que preciso trabalhar da melhor maneira possível",

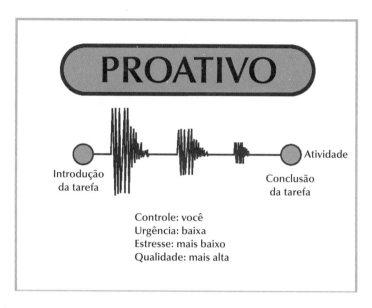

Figura 4.4

deixando para o último minuto as coisas que não são tão importantes? Dedique-se primeiro ao projeto importante e depois use a energia que você obtém ao concluí-lo para finalizar suas tarefas do tipo C.

A procrastinação é mais um problema de *tomada de decisão* do que um problema de *administração do tempo*. Se *decidir* realizar as coisas importantes, passíveis de documentação ou que serão lembradas por um longo tempo, vai reduzir seu estresse, melhorar a qualidade da tarefa, e recuperar o controle de seu tempo e de sua vida. Se decidir executar as tarefas de prevenção da dor antes do prazo final, também evitará o estresse e a pressa, e recobrará o controle de seu tempo.

O próximo capítulo investiga por que é tão crucial ter o controle do seu tempo e o que isso pode fazer pela sua qualidade de vida. Veremos qual é o segredo para você assumir o controle do seu tempo e discutiremos como pôr um fim à procrastinação inapropriada, interromper esse estilo de vida reativo, reduzir o estresse e garantir que você tenha tempo suficiente para chegar ao ganho.

Capítulo 5

O que a compreensão do valor do tempo pode fazer pela sua vida

Comece a fazer o que você quer agora. Não estamos vivendo na eternidade. Temos apenas este momento, brilhando como uma estrela em nossa mão e derretendo como um floco de neve.

— Sir Francis Bacon

Olhar para uma agenda sempre fez com que eu me sentisse mais inspirado do que apenas pensar no dia que tenho pela frente. Vejo as datas relacionadas e o número de linhas reservado para a semana ou mês pelo que representam: um período de tempo finito, com um início e um fim definidos. Essa imagem me faz compreender que, uma vez que eu chegue à última data, virarei a página – e nunca mais voltarei a ela. Não importa como eu tenha usado essas datas, o que tenha vivenciado durante esse período, para o bem ou para o mal, isso foi embora para sempre – levando as oportunidades que estavam presentes. E pensar dessa maneira me impele a valorizar esses períodos.

Talvez esteja se tornando mais visível para mim, à medida que envelheço, que minha vida é uma compilação dessas páginas. Elas representam tudo o que fiz, vi, senti, realizei, afetei, influenciei, pensei e aprendi, além dos sucessos e fracassos ao longo desse tempo. Todas as interações com amigos, familiares, conhecidos, clientes, vizinhos e desconhecidos que ocorreram durante esse tempo hoje fazem parte do meu relacionamento com essas pessoas, para o bem ou para o mal. Isso me dá o desejo de tratar com cuidado cada um desses encontros, como se a recordação deles fosse durar para sempre e não pudesse ser alterada – porque ela, de fato, não pode.

Essa é a característica do tempo. Ele se desloca apenas em uma direção: *para a frente*. É uma das regras da vida que tanto fascinam as pessoas. Inúmeros profissionais que lidam com a imaginação produziram filmes e escreveram livros a respeito de termos uma segunda chance, uma renovação, um pequeno retrocesso, para retirar o que dissemos, fazer algo de maneira um pouquinho diferente, evitar uma tragédia ou criar um momento perfeito – ou ainda para congelar completamente o tempo, para fazer uma coisa durar. Somos tão fascinados pela ideia de viajar no tempo, para a frente e para trás, porque assim poderíamos transformar fundamentalmente nossa vida.

Por outro lado, existe a beleza da finalidade do tempo: o fato de que nada pode mudar uma recordação, ou um momento perfeito ou triunfante, pois eles serão preservados para sempre. Podemos revivê-los na lembrança, como a medalha de ouro de um atleta por seu desempenho nas Olimpíadas, e, embora jamais possamos alterá-los, são momentos aos quais nos vincularemos para sempre. Uma invenção ou avanço científico se perderia para sempre se o tempo pudesse retroceder ou ser alterado, mas fica eternamente guardado como uma relíquia do progresso humano, porque isso nunca poderia acontecer. E a partida de alguém ou um revés doloroso só é amenizado com a *passagem* do tempo e a sucessão das estações. É o movimento progressivo da vida, e, para o bem ou para o mal, é assim que o processo funciona.

É com esses momentos — de ganho ou perda, finalizados com perfeição ou arruinados — que aprendemos a fazer melhores escolhas e a valorizar a natureza efêmera do tempo, especificamente no que diz respeito às oportunidades que temos. Aprendemos como o tempo se traduz diretamente na vida. Quanto mais percorremos esse caminho, mais óbvio se torna que nosso tempo *é* nossa vida, todo o conjunto do que fizemos com cada momento precioso, com cada dia, com cada tique-taque do ponteiro do relógio. A vida é formada por milhões de segundos que se sucedem. E, quando você reconhece essa conexão, começa a pensar de maneira um pouco diferente a respeito do tempo.

Muitas pessoas tendem a encarar sua vida como uma série de experiências da infância à idade adulta, a reunião de importantes eventos como graduação, casamento, ter filhos, começar uma carreira, mudar-se para outra cidade, ou talvez até mesmo um período muito estimado da nossa juventude em que passamos bastante tempo ao lado de bons amigos em nosso lugar predileto. Vemos de longe os picos das montanhas de nossa vida, mas não pensamos nas minúcias da vida cotidiana. Essa é uma visão mais ponderada, como deveria ser. Essa jornada de experiências, pensamentos e crescimento conta a história de quem somos, desde onde começamos até onde terminamos.

Um minuto efetivo pode valer mais que outro em sua memória, mas na realidade um minuto no tempo não é mais longo ou mais importante que o seguinte; cada um deles representa o mesmo percentual de sua vida. Nossas memórias atribuem mais *importância* a determinado intervalo de tempo do que a outro, dependendo do que fizemos com ele. O minuto que passei há muitos anos pronunciando os votos de casamento e dizendo "aceito" para minha esposa é mais importante para mim e para minha vida do que o minuto que passei esta manhã guardando a roupa lavada e passada no armário. No entanto, ambos foram períodos de sessenta segundos.

Não quero dizer com isso que guardar a roupa lavada e passada ou executar qualquer outra tarefa de prevenção da dor não seja algo que valha a pena. Como sabemos, temos que executar regularmente essas tarefas para poder dar continuidade à vida. No entanto, quando começamos a perceber que o tempo é uma força imutável e inalterável — e que o acúmulo de cada unidade de tempo é fundamental para o que, com o decorrer do tempo, chamamos de nossa vida inteira —, começamos a encará-lo de uma maneira diferente.

É claro que não podemos passar o tempo inteiro pensando no que fazer para que cada preciso minuto conte para uma vida toda de realizações. Se fizéssemos isso, nunca terminaríamos todos os afazeres que nos mantêm em dia no trabalho e em casa. Essa ideia de que tempo é vida não tem a intenção de pressioná-lo a fazer algo extraordinário com sua próxima hora. Ela apenas se destina a torná-lo mais consciente de como sua vida se desenrolou até agora e como ela continuará a fazer isso no futuro. As decisões que você tomou com relação a como gastar seu tempo até agora produziram os resultados que experimentou e lhe trouxeram a vida que você tem atualmente.

Sabemos que as tarefas do tipo "ter que fazer" são necessárias para que você viva sua vida. São as tarefas do tipo "não ter que fazer", as tarefas de ganho ou do tipo A, que distinguem uma pessoa da outra; que fazem sua vida valer a pena e o tornam quem você é. Não se ouve alguém descrever uma pessoa da seguinte maneira:

Bem, ele respira todos os dias, escova os dentes todos os dias, come todos os dias, lava a roupa de vez em quando, vai trabalhar e leva o lixo para fora de casa.

Uau, que legado. Não descrevemos as pessoas dessa maneira porque *todo mundo* tem que fazer essas coisas. Nenhum detalhe de nossas tarefas de prevenção da dor nos distingue de qualquer outra pessoa. Os resultados que você obtém todos os dias não são determinados pelas tarefas do tipo "ter que fazer".

O VALOR DE UM MINUTO

Quando você começar a compreender que sua vida é composta por unidades individuais de tempo para usar como quiser, verá que qualquer coisa que estiver fazendo em qualquer momento considerado no tempo é sua *prioridade mais elevada na vida naquele momento*, pelo simples fato de que *foi isso* que você escolheu fazer com ele. Essa afirmação não se destina a motivá-lo a entrar imediatamente em ação ou convencê-lo a passar seu tempo fazendo algo diferente do que já está fazendo. É apenas uma observação: se estiver levando o lixo para fora agora, então levar o lixo para fora é a coisa mais importante que está fazendo na sua vida *neste momento*. Obviamente, o lixo não é importante para você de um ponto de vista mais abrangente. Mas, quando você diz a si mesmo: "Vou tirar o lixo daqui e levá-lo para a rua agora, antes que ele comece a feder", essa é a melhor decisão que poderia ter tomado — e a coisa mais importante que poderia estar fazendo com esse minuto. Se não fosse, você teria optado por fazer outra coisa e deixaria o lixo esperando um pouco mais. Como sabemos, até mesmo as tarefas de prevenção da dor menos agradáveis e importantes, com o tempo, tornam-se mais urgentes. Isso não muda o resultado delas; continuam, meramente, a prevenir a dor. Mas, quando você determina que elas precisam de sua atenção naquele minuto, você decidiu que executá-las é, naquele instante, a melhor maneira de usar seu tempo.

Raramente tomamos uma decisão *consciente* relacionada à nossa mais elevada prioridade na vida naquele minuto. O máximo que fazemos, geralmente, é passar alguns instantes planejando o dia e, se for um grande dia, mantendo o plano na cabeça à medida que ele vai passando. Entretanto, tomamos inúmeras decisões inconscientes: trabalhar, executar os afazeres, dormir, relaxar, passar algum tempo em algum lugar, navegar na internet, informar-nos das novidades na mídia social, exercitar-nos, ir ao trabalho e voltar dele — os exemplos são intermináveis. Às vezes, a melhor maneira de usar o tempo é buscando o ganho, seja isso uma meta de criação, como procurar um novo emprego, ou uma meta de consumo, como sair à noite para se divertir; em outras, a melhor maneira é prevenir a dor, porque a dor não é divertida.

Não importa a decisão que você tome, essa escolha contém um *custo de oportunidade*, assim como seu dinheiro também contém. Se decidir gastar vinte reais em algo, não vai poder gastar esses mesmos vinte reais em outra coisa. A maioria das pessoas entende esse raciocínio, independentemente do fato de aderirem ou não a ele e terem a disciplina de mantê-lo. Se você tem dez reais na carteira e for gastá-lo para almoçar, não terá mais os dez reais. Essa escolha era sua. Ninguém o obrigou a fazê-la.

Isso vale também com relação ao seu tempo. Se decidir passá-lo esta noite preparando o jantar e assistindo a um filme, então foi assim que você decidiu ser o melhor modo de usar o tempo, sendo sua mais elevada prioridade nessa noite. No entanto, você não pode também gastar esse mesmo tempo indo para a cama cedo, exercitando-se na academia, organizando o escritório em casa, indo a um jogo de futebol, escrevendo um livro ou escalando uma montanha. Você já escolheu o que faria com o tempo — e essa escolha eliminou todas as outras opções.

Talvez você esteja lendo este livro no trem enquanto vai e volta do trabalho. Você poderia estar lendo e-mails, olhando pela janela ou fechando os olhos e pensando a respeito do seu dia, mas decidiu que ler um livro a respeito de tomar melhores decisões era a melhor maneira de usar seu tempo neste momento. (Excelente escolha!) Sempre que opta por fazer uma coisa, está determinando, conscientemente ou não, que essa opção é a melhor maneira de utilizar seu tempo. Se foi ou não uma *boa* escolha é sua opinião, e deve se basear no fato de ter ou não produzido os resultados que você queria. Se o filme foi bom, ou mesmo que não tenha sido, mas tenha lhe dado a oportunidade de relaxar, é bem provável que você fique muito satisfeito com sua escolha. Você precisa *assumir* as decisões que toma a respeito do seu tempo antes que possa controlá-lo. E, consequentemente, como seu tempo é sua vida, você precisa assumir as decisões que toma a respeito de seu tempo antes de poder assumir o controle de sua *vida*.

Digamos que esteja arrependido de sua decisão; o filme era ruim, e você não relaxou nem um pouco. Preferiria ter gasto seu tempo ou dinheiro com outra coisa. Então, você tomou uma má decisão. Às vezes esse tipo de coisa acontece, e aprendemos com isso. Essa sensação de arrependimento significa que você não valorizou o que escolheu tanto quanto teria valorizado outra coisa. Em última análise, as coisas nas quais despendemos tempo e dinheiro são aquelas que valorizamos. Como já disse a muitos clientes ao longo dos anos: mostre-me sua agenda e sua fatura de cartão de crédito, e serei capaz de lhe dizer o que você valoriza. Família, casa, carreira, *hobbies* e instituições beneficentes indicam o que mais gostamos. Algumas dessas coisas são escolhas que fizemos há muito tempo — escolhas que inerentemente trazem responsabilidades e tarefas de prevenção da dor, como ter a própria casa e cuidar dos filhos. Decidimos que nossa vida seria melhor se morássemos naquela casa, tivéssemos aqueles relacionamentos, conseguíssemos este emprego ou comprássemos aquele carro. Trata-se de *decisões*. E, quando vemos essas coisas apenas do ponto de vista do que fazer para preservá-las, precisamos então alterar nossa atitude ou estilo de vida e descobrir como tomar melhores decisões para o futuro no longo prazo. Toda ação e escolha têm resultados, quer sejam positivos, negativos, no longo ou curto prazo. Quando você começar a assumir suas escolhas, também vai passar a assumir os resultados — e terá mais controle sobre eles. Assumir o controle de suas decisões é a diferença entre guiar seu progresso e meramente administrar a vida que *se apresenta a você* quando você não assume esse controle.

Quando você começa a encarar seu tempo como um recurso valioso e insubstituível, você percebe o *valor* dele. O que escolhe fazer com ele reflete suas prioridades e produz diretamente os resultados que você obtém. Meu objetivo é que você encare o tempo dessa maneira. Sua vida é um produto de todas as decisões que você tomou a respeito de onde gastar seu tempo — até este momento. Se entender as oportunidades que o tempo apresenta, poderá usá-lo para melhorar sua vida e fazê-la progredir.

ENTENDENDO PARA ONDE VAI NOSSO TEMPO

Para começar a tomar melhores decisões a respeito do tempo, precisamos entender, para começo de conversa, no que consiste nosso tempo. Podemos classificar praticamente tudo o que fazemos diariamente em três categorias: hábitos, coisas a fazer e eventos de agenda.

Os *hábitos* são coisas às quais dedicamos tempo, mas que não temos que anotar e nas quais não precisamos pensar, porque normalmente não nos esquecemos de fazê-las. Entre elas estão as rotinas diárias: dormir, escovar os dentes, fazer as refeições, ir e voltar do trabalho, ler antes de dormir, ficar em dia com as manchetes das notícias a caminho do trabalho, ligar a televisão quando chegamos em casa. Elas são "não eventos", condicionamentos, aquilo que sempre se repete, talvez desencadeadas por um estímulo que ocorre naturalmente, como acordar pela manhã, sentir fome ou ver determinada hora exibida no relógio. Se você sabe que precisa sair para trabalhar todos os dias às 7h15 da manhã para chegar na hora, isso se torna parte da sua rotina. Não é uma coisa que precise anotar diariamente para não esquecer; é uma parte intrínseca do seu dia.

Os hábitos influenciam predominantemente partes da vida, como higiene, saúde, alimentação, gastos repetidos, relaxamento, afazeres (por exemplo, lavar a louça) e tarefas rotineiras (como checar o e-mail e a secretária eletrônica várias vezes por dia). Eles se apoiam no piloto automático do seu cérebro, o que significa poder se concentrar e planejar outras coisas enquanto se dedica a eles. Você pode pensar a respeito do que irá abordar na sua primeira reunião do dia enquanto está tomando banho e escovando os dentes de manhã. Pode pensar no que vai dizer quando telefonar a um cliente no caminho para o trabalho. Pode assistir à televisão enquanto lava a louça depois do jantar. Até mesmo algumas tarefas da lista de coisas a fazer podem ser incluídas aqui. Você não está completamente envolvido com a tarefa que está executando; já a fez tantas vezes, que está meramente seguindo seu instinto. Embora os hábitos não sejam em geral uma coisa muito importante, mesmo assim eles exigem tempo. Os minutos usados para essas coisas não são minutos livres, que não contam, ou que você pode recuperar no final do dia. Você precisa considerar os hábitos e sua rotina quando examinar para onde vai seu tempo a cada dia.

A sua *lista de coisas a fazer* inclui tarefas de manutenção que você não quer esquecer: atualizar um arquivo, enviar um memorando para outro departamento, entrar em contato com um cliente, enviar um e-mail, apresentar um relatório de despesas, ir à lavanderia, ir ao supermercado, comprar um presente, colocar um envelope no correio, pagar uma conta, organizar alguma coisa. As listas de coisas a fazer envolvem coisas que o mantêm ocupado, ou seja, coisas triviais relacionadas à prevenção da dor que você precisa eliminar da lista, não importa se elas têm ou não um prazo final. Mesmo que tenham que ser feitas hoje, essas tarefas são flexíveis no que diz respeito ao tempo, porque você, geralmente, não atribui um horário específico para completá-las, como faria no caso de um compromisso.

A *agenda* se destina a coisas específicas quanto ao tempo: eventos, compromissos e qualquer coisa associada a um horário determinado que você tenha que cumprir, seja ela do âmbito profissional ou pessoal. Ao considerar algo específico quanto ao tempo, você precisa se organizar para defender esse intervalo de tempo de outras tarefas ou compromissos que também pedem sua atenção. Esse compromisso influenciará o modo como você vai passar o resto do seu dia e onde poderá estar antes ou depois dele. Devido ao trabalho adicional envolvido em programar, organizar-se com compromissos e defender seu espaço de tempo, temos a tendência de reservar a agenda para as coisas importantes. Se algo irrelevante conseguir, de alguma maneira, se encaixar na sua agenda, você tende a cancelá-lo em prol de qualquer outra coisa que apareça. Você não se dará o trabalho de defender o espaço de tempo desse compromisso nem de se organizar para ele se o compromisso não for importante o bastante para você. Até mesmo o tempo que você gasta para ir às compras ou se divertir com os amigos tem que ser agendado (ou programado), uma vez que você arranjou e dedicou um intervalo de tempo para isso.

Essas maneiras de despender tempo englobam praticamente tudo o que você faz dia a dia. Seria realmente parte da sua vida se não se encaixasse em uma dessas três categorias? Seus hábitos, coisas a fazer e itens de agenda, portanto, compreendem seu tempo — e, em consequência, sua vida. Então, como podemos administrá-los ou usá-los um pouco melhor para aproveitá-los ao máximo?

TOME MELHORES DECISÕES A RESPEITO DO SEU TEMPO

Avalie primeiro se seus hábitos trabalham a seu favor ou contra você. Você precisa mudar alguma coisa a respeito deles? Existe algo que faça diariamente que você poderia fazer de maneira melhor, mais saudável ou mais eficiente? Se for esse o caso, modificar esse hábito seria uma excelente tarefa de ganho. Por exemplo, se você parasse de comprar *fast-food* todos os dias na volta do trabalho e começasse a ter uma alimentação mais saudável em casa, é bem provável que sua vida estivesse melhor amanhã do que está hoje. O primeiro passo poderia ser parar hoje no supermercado a caminho de casa. Mas, se estiver satisfeito com seus hábitos e rotinas, apenas se conscientize do tempo que efetivamente gasta com eles todos os dias.

Faça uma lista de coisas a fazer para as tarefas diárias de prevenção da dor, para não se esquecer delas e acabar procrastinando até o último minuto. Se conseguir executá-las antes do tempo usando a lista, terá um controle maior sobre seu tempo. (Poderá até mesmo evitar as multas por atraso no pagamento de algumas das suas contas!)

Essas são as coisas fáceis de se fazer. Ninguém precisa lembrar a você de colocar na agenda uma reunião programada com um cliente ou mesmo uma hora marcada no dentista, porque esses compromissos são fundamentais; eles têm um "gatilho", um prazo final ou uma hora programada. Porém, como sabemos, *as metas não têm essas coisas*. Mesmo que tenha identificado ou anotado suas metas, você nunca as alcançará se não *reservar um horário para lidar com elas*. Seu tempo sempre irá para outras coisas, e você vai colocar as metas de lado dia após dia, para trabalhar nas tarefas de sobrevivência de prevenção da dor. As metas não têm prazos finais; em nenhum momento alguém vai se aproximar de você e perguntar: "Você já fez isso?"

Você não pode executar tarefas do tipo A, ou mesmo do tipo B, no piloto automático. Elas exigem que seu cérebro se envolva com um raciocínio e um trabalho de qualidade para realizá-las. As tarefas desse tipo chegam a usar uma parte diferente do cérebro: basicamente, o córtex pré-frontal, onde ocorre a atividade mental complexa. Para chegar a esse lugar mental, você precisa parar de raciocinar no modo de sobrevivência.

É aqui que entra sua agenda. Desenvolver hábitos saudáveis e eficientes, e usar a lista de coisas a fazer, requer excelentes habilidades para administrar sua vida, mas a agenda é a ferramenta que você vai usar para parar de *administrar* sua vida e começar a *levá-la para a frente*.

VOCÊ REALIZA O GANHO COLOCANDO SUAS METAS NA AGENDA

É simples assim.

> A razão pela qual muitas pessoas deixam de realizar suas metas é o fato de não se empenharem em *defender um horário* para trabalhar com elas.

Uma vez que você reserve um lugar na agenda para trabalhar na realização de uma meta, você não programará nada durante esse tempo. É bem provável que ainda não tenha feito isso porque fica tentando *encontrar* tempo para suas metas. Mas, depois de trabalhar o dia inteiro nas tarefas de prevenção da dor, é improvável que você diga: "Nossa, tenho energia, estou motivado, estou pensando em meu futuro e vou melhorar minha vida!" Geralmente, é nesse momento que as pessoas se inclinam mais para as metas de consumo, como sair à noite para se divertir, por exemplo, do que para as metas de criação. Se estiver esperando o tempo vir até *você*, pare agora; isso não aconteceu nem vai acontecer. A única maneira de romper o ciclo de prevenção da dor é colocar suas metas naquilo que está disposto a defender: sua agenda. O que vale a pena defender na vida? Você não abriria espaço na agenda para uma tarefa como levar o lixo para fora, porque ela não merece sua atenção em detrimento de outras utilizações do seu tempo. (Veja a Figura 5.1.)

Defender um espaço de tempo não é fácil. Dizer "não" a atividades concorrentes e pedidos para arranjar um tempinho para algo que programou deve ser um constante lembrete de como os resultados que você deseja ganhar com esse tempo são importantes para você. Se identificou uma meta que vai ser recompensadora, seu compromisso com ela aumentará sempre que se lembrar dos resultados que ela vai produzir.

Afinal, que outra coisa mereceria tanto esforço para defender o espaço de tempo que ela ocupa e todo o planejamento envolvido, senão suas metas? Se

Figura 5.1

vai realizar todo esse trabalho e ter a disciplina de aderir a ele, é bom que os resultados valham a pena.

Mesmo depois de ter feito o *brainstorming* de todo o ganho que conseguir imaginar, se não colocá-lo na agenda, ele não vai se realizar. É uma questão de alinhar ações com suas palavras. Se você afirma que algo é importante para você, então dê o passo seguinte para garantir que vai mostrar o quanto ele é importante. Se estabelecer prioridades em função dos resultados, como discutimos no Capítulo 3, você tratará suas metas com a prioridade que merecem, com base nos resultados que sabe que elas vão produzir.

Em essência, ao colocar suas metas na agenda, você está marcando uma hora com elas. Está atribuindo-lhes um horário específico no qual vai lidar com elas a fim de garantir esses resultados. É na agenda que esse processo começa. É nela que o ganho acontece.

POR QUE ISSO FUNCIONA?

Digamos que você tenha uma hora marcada no dentista na terça-feira às catorze horas, mas surja algo importante e você constata que não poderá ir. O que você faz? A maioria das pessoas telefonaria para o consultório do dentista, cancelaria e remarcaria o horário nesse mesmo telefonema. Seria rude desconsiderar a hora marcada e simplesmente não dar as caras no consultório; é bastante provável que você tenha um relacionamento com esse dentista, e não vai querer agir com essa falta de respeito com ele. Sendo assim, para começo de conversa, o simples fato de o horário do dentista constar na sua agenda o fará respeitá-lo o suficiente para reprogramá-lo, *mantendo-o* na agenda. Esse horário continuará a aparecer na agenda até que você efetivamente vá ao dentista. Isso também vale em relação a uma tarefa de ganho. Se você marcar um horário na agenda, mesmo que as coisas peguem fogo no trabalho, você pode reprogramar a tarefa de ganho para a próxima vez que estiver disponível para executá-la. Dessa maneira, é menos provável que se esqueça completamente dela.

Usar a agenda para conceder às suas metas a atenção que elas merecem é o que difere *estrutura* de *disciplina*. Se programar um horário na agenda para trabalhar nas suas metas, terá que defender esse horário e dizer sim ou não quando ele chegar, o que confere a essa meta uma chance maior de ser realizada do que se nunca a tivesse considerado. Se ela já se tornou um horário agendado, você a incorporou à estrutura do seu dia — e não vai precisar de muita disciplina para realizá-la. Porém, se ela não estiver na agenda, sendo meramente um sonho que flutua na sua cabeça ou uma "boa ideia" em uma lista, você vai precisar de muita disciplina para fazê-la acontecer. Isso é difícil quando existe em toda parte uma dor que precisa ser prevenida e suas respectivas consequências caso se dedique a outra coisa. A essa altura, sabemos que, se você colocar uma tarefa de ganho ao lado de um item de prevenção da dor, este último sempre vai ganhar, porque sua vida está sendo dirigida por hábitos e itens de manutenção. Seu cérebro está preocupado com a sobrevivência, e sobrevivência é uma responsabilidade interminável. Mesmo depois que concluir essas tarefas e estiver exausto por ter sobrevivido o dia inteiro, poderá sentir que é difícil, ou até mesmo impossível, encontrar a disciplina necessária para se levantar do sofá e completar uma tarefa de ganho. É por esse motivo que nunca dará certo "encontrar um tempo" para se dedicar a elas após terminar o trabalho de manutenção da vida. No entanto, se tiver um compromisso marcado na agenda, poderá lidar com ele sem tanta disciplina. Você vai organizar seu dia levando-o em conta, colocando de lado as tarefas de prevenção da dor quando chegar a hora desse compromisso, respeitando-o e fazendo o ganho acontecer. Nunca haverá tempo suficiente para fazer o que não temos que fazer. É uma questão de programar a tarefa e respeitá-la. Não se trata de *se* você tem tempo, e sim, mais exatamente, uma questão de respeitá-la, não importam quaisquer outras tarefas de prevenção da dor que possam estar à espera. É uma questão de quanto você está disposto a deixar para trás suas tarefas de prevenção da dor para buscar o ganho e fazer resultados mais significativos acontecerem. Deixe que a agenda forneça a disciplina. Se realmente quiser realizar suas tarefas do tipo A, retire-as de sua lista de coisas a fazer e coloque-as na agenda. Nós defendemos o espaço de tempo necessário para os compromissos. Mas não para uma flexível lista de coisas a fazer.

Por exemplo, qual é a primeira coisa que você fará se eu lhe disser: "Vamos nos encontrar na segunda-feira à noite?" Você vai consultar sua agenda para ver se tem algum compromisso programado para a noite desse dia. Se tiver, você poderá dizer: "Segunda eu não posso. Que tal terça à noite?" Então vamos consultar nossas agendas até encontrar uma noite em que ambos estejamos disponíveis. O que acaba de acontecer aqui? Defendemos o espaço de tempo para o que já tínhamos programado na agenda; não estávamos consultando uma lista de coisas a fazer. A resposta não foi: "Tenho que responder a alguns e-mails em algum momento da segunda-feira, por isso não vou poder me encontrar com você à noite". Um compromisso marcado sempre vai ganhar de tarefas flexíveis quando o assunto é tempo disponível.

Usar a agenda em vez da lista de coisas a fazer afeta quando e até mesmo *se* vamos nos comprometer a fazer determinada coisa. Se você me pedisse que lhe enviasse um artigo que acabamos de discutir, *primeiro* eu me comprometeria a fazer isso, e adicionaria essa tarefa à minha lista de coisas a fazer *depois* de ter decidido me comprometer. Se você me perguntasse se eu poderia me encontrar com você na segunda-feira à noite, *primeiro* eu consultaria minha agenda para verificar se já haveria algum compromisso marcado naquela noite. Só confirmaria com você *depois* de consultar minha agenda. Essa é a diferença com relação ao respeito que dispensamos aos itens da agenda, em comparação com os itens da lista de coisas a fazer.

Por que não consultei minha lista de coisas a fazer antes de me comprometer? Porque *tarefas* não têm a mesma prioridade que *compromissos*. As tarefas são flexíveis quanto ao tempo e podem se deslocar de um lado para o outro até o prazo final. Os compromissos, contudo, têm uma hora específica e são mais difíceis de mudar. Posso enviar um artigo por e-mail a qualquer hora, mas temos que escolher um horário específico para nos encontrarmos. Você vai consultar seus compromissos antes de tomar decisões a respeito do seu tempo. Precisa, portanto, separar as tarefas de sobrevivência das de ganho quando fizer seu planejamento. A lista de coisas a fazer é para as tarefas de prevenção da dor relacionadas à sobrevivência; o lugar das tarefas de ganho é na sua agenda.

A pergunta a fazer a si mesmo agora é a seguinte: O que está atualmente na sua lista de coisas a fazer que *deveria* estar na sua agenda?

COLOCANDO AS METAS NA AGENDA: PRIMEIROS PASSOS

Quando você identifica uma meta que é grande demais para ser abordada de uma vez só — como são a maioria dos empreendimentos que valem a pena —, você precisa desmembrá-la em etapas intermediárias.

Reexamine sua lista de metas do Capítulo 1. Escolha a que deseja se esforçar para alcançar e faça o *brainstorming* de cada tarefa necessária para atingir essa meta. A princípio, você não vai conseguir pensar em todas elas; passos subsequentes se revelarão para você ao longo do processo. À medida que for compreendendo mais e chegando mais perto de alcançar sua meta, vai descobrir que outras coisas precisa aprender, pesquisar ou realizar. Mas pode começar fazendo algumas perguntas básicas e relacionando alguns passos fundamentais. As perguntas preliminares de cujo *brainstorming* você fez devem ter sido mais ou menos parecidas com os exemplos seguintes.

> ### Exemplo de *brainstorming* de perguntas ou tarefas necessárias para começar a buscar o ganho
>
> - O que precisa acontecer primeiro?
> - Existem outras pessoas envolvidas?
> - Como você pode saber mais sobre o processo?
> - Conhece pessoalmente alguém que possa lhe dar informações ou orientações sobre como realizar algo assim?
> - Alguns profissionais ou outras pessoas experientes podem lhe dar conselhos ou compartilhar as melhores práticas com você?
> - De que recursos (tempo, dinheiro, equipe, equipamento) você vai precisar e como poderá obtê-los?
> - Quanto tempo vai levar o processo? Qual seria um espaço de tempo realista?
> - Quem deveria aderir à sua ideia: seu chefe, sua família, seu sócio?
> - Que outros *stakeholders* estão nessa meta? Quem você precisa que o apoie?
> - Que riscos você precisa avaliar?
> - Que pesquisas você precisa fazer?
> - Há alguma prática ou treinamento envolvido?

Como as metas são muito exclusivas, nem todas essas perguntas serão adequadas a todas elas. Cada meta terá pontos de partida diferentes; algumas serão profissionais enquanto outras poderão ser pessoais ou voltadas para a família ou alguma aptidão física. Sejam quais forem as perguntas, este é o *primeiro* passo. Comece marcando uma breve sessão na sua agenda para fazer o *brainstorming* de questões e tarefas iniciais relacionadas à sua meta. Quinze, vinte ou trinta minutos devem ser suficientes, dependendo da complexidade. Em seguida, a partir dessa lista, identifique a primeira *medida de ação* que você pode tomar. Se o tempo de uma sessão não for suficiente para fazer isso, marque *outra* sessão de meia hora na agenda e veja se consegue avançar um pouco mais. Uma vez que tenha se concentrado em uma trajetória e uma medida de ação iniciais que possa empreender — por menor que sejam —, *essa* será a próxima coisa que você vai colocar na sua agenda. Faça isso imediatamente. Não avance para o compromisso seguinte do dia enquanto não tiver programado a próxima tarefa de ganho para essa meta. Anote-a na agenda em um dia *desse mês* em que possa executá-la. Mesmo que seja apenas um telefonema preliminar de cinco minutos ou uma pesquisa inicial na internet, agende-o para garantir sua realização. Em seguida, depois que tiver terminado sua tarefa, pegue a agenda e anote imediatamente a próxima. Colocar os passos sobre os quais você fez o *brainstorming* na ordem em que devem ser executados é elaborar o fluxograma do seu processo. É como criar um roteiro de como ir daqui para lá. Uma vez que você tenha um fluxograma inicial, pode programar os primeiros passos para revigorar seu impulso. Você vai adicionar ou subtrair alguns deles naturalmente ao longo do caminho. Quanto menos intimidantes forem os passos iniciais, mais provável é que você os dê. Com isso, você está identificando o trajeto crítico entre o lugar onde está agora e a realização do ganho que você deseja.

Se conseguir concluir alguns desses passos iniciais mais simples, estará a caminho de outros mais desafiadores. Seu compromisso com a meta aumentará apenas por ter começado a *buscá-la* – e esse compromisso é a arma mais importante que você tem na intenção de realizá-la. Programar uma única tarefa de quinze ou trinta minutos de duração hoje pode impulsionar significativamente seu negócio ou sua vida, aproximando-os um pouco mais de sua meta. O simples fato de pensar que reservou esse tempo e estará trabalhando hoje no ganho lhe dará energia para executar as tarefas de prevenção da dor antes e depois de seu compromisso de ganho programado.

Você *precisa programar* na agenda cada tarefa individual que diga respeito à meta como um compromisso de ganho. Quando essas tarefas dizem respeito a uma meta, mas não têm um prazo final ou um espaço de tempo a ser defendido, elas se tornam flexíveis quanto ao tempo – e continuarão dessa maneira. A não ser que você especifique o tempo delas, elas não vão se realizar.

VOCÊ PRECISA DE ALGUNS EXEMPLOS?

O processo de realização do *brainstorming* e depois do fluxograma de uma meta é fundamental para pôr mãos à obra. Vamos examinar alguns exemplos para que você veja como começar a trabalhar em algo que deseja fazer há muito tempo, mas com relação ao qual ainda não tomou nenhuma providência.

Digamos, por exemplo, que sua meta mais cobiçada seja ter uma propriedade para investimento que você possa alugar a vários inquilinos a fim de ter uma renda. Você decidiu que esse é um empreendimento que vale a pena porque lhe proporcionará um fluxo de renda adicional bem como muito estímulo e satisfação; ele também atuará como um caminho para sua criatividade e engenhosidade se tiver de fazer melhorias no local. O problema é que você não sabe nada a respeito de ser um locador ou administrar propriedades para investimento, e tem pouquíssimo tempo para dedicar a essa meta. Em decorrência, deixou-a pendente durante cinco anos. Você olha com inveja para as pessoas que têm uma propriedade desse tipo enquanto você mesmo não fez nada para que algo parecido lhe acontecesse.

O primeiro passo é – surpresa! – dar início ao *brainstorming*. Faça uma lista com o nome das pessoas que poderiam servir de recursos para você enquanto começa sua busca. Ela pode incluir um corretor de imóveis, um analista de crédito, um empreiteiro, um contador e talvez um amigo que possua uma propriedade para investimento e possa falar a respeito das armadilhas e lições que ele aprendeu ao longo do caminho. Você vai ter um sócio nesse empreendimento de cuja aprovação vai precisar?

Você poderia compilar uma lista de recursos informativos, como livros a respeito de como administrar uma propriedade para investimento ou *websites* que possa pesquisar. Também poderia obter o valor de algumas propriedades na área em que pretende comprar a sua, bem como o valor potencial dos aluguéis e do histórico de aluguéis nessas áreas. O próximo passo possível seria avaliar suas finanças pessoais para determinar quanto pode gastar em sua nova aventura. Você poderia então começar a examinar a lista de propriedades à venda.

Isso tudo poderá acontecer muito rápido uma vez que comece, ou você poderá levar um ano ou mais para encontrar um lugar que valha a pena comprar. Uma coisa, no entanto, é certa: nada *jamais* acontecerá se você não der o primeiro passo: instruir-se sobre o processo.

Digamos que sua meta mais cobiçada seja cursar a faculdade de direito, porque você deseja ter o conhecimento e as habilidades que acompanham um diploma de advogado. Você pode querer começar uma carreira em um escritório de advocacia ou apenas valorizar sua carreira atual. Mas há vários anos você não entra em uma sala de aula. Você pode, então, começar decidindo se quer estudar de manhã ou à noite. Em seguida, pode fazer algumas pesquisas na internet sobre as melhores faculdades de direito na sua área que oferecem cursos noturnos. Pode também examinar as oportunidades de início de carreira para advogados e os salários oferecidos aos recém-formados. Depois, pode começar a pesquisar as exigências para o ingresso na faculdade e a procurar cursos de LSAT* que o preparem para a prova de admissão. Pode ainda examinar programas de auxílio ao pagamento das mensalidades da faculdade ou empréstimos estudantis. Não importam seus primeiros passos; existe um caminho que o conduzirá a essa meta. Você tem apenas de fazer o *brainstorming* para descobrir qual é.

Talvez sua meta seja se candidatar a prefeito ou a um cargo na assembleia legislativa da sua cidade. Você decidiu que esse seria um empreendimento vantajoso; no entanto, nunca se envolveu com política antes. Você poderia começar com um simples *comparecimento* a reuniões da câmara municipal ou atuando como voluntário em atividades da prefeitura para ver como as coisas funcionam. Poderia também conversar com pessoas que já foram candidatas, para obter a perspectiva delas a respeito da experiência. Poderia ainda dar um telefonema à repartição do seu município para descobrir qual é o procedimento para inserir seu nome na cédula eleitoral. Talvez você tenha de participar primeiro de uma eleição primária.

Ou, então, digamos que você deseja abrir uma sorveteria. Alguma vez você já esteve envolvido com a administração de um negócio ligado aos serviços de alimentação — ou, a propósito, com a de qualquer tipo de negócio? Se não esteve, terá de começar a fazer algumas pesquisas para experimentar esse ganho. Que tipo de licenças ou autorizações você precisaria? Como poderia obter infor-

---

* O Law School Admission Test (LSAT) é uma prova padronizada aplicada quatro vezes por ano em determinados centros de testagem no mundo inteiro. Ele se destina aos prováveis candidatos à faculdade de direito e é projetado para avaliar a capacidade de compreensão de texto, e a proficiência lógica e verbal dos candidatos. A prova é parte integrante do processo de admissão à escola de direito nos Estados Unidos, no Canadá, na Universidade de Melbourne, na Austrália, e em um número crescente de países. (N. dos T.)

mações a respeito de fornecedores? Você quer ter uma franquia ou deseja abrir um negócio seu? De quanto capital precisa para começar? Qual é a receita que negócios desse tipo costumam gerar em áreas semelhantes? Essa seria uma atividade em tempo integral ou um negócio complementar para você? Você conhece ou ouviu falar de alguém que tenha um negócio bem-sucedido desse tipo e que tenha publicado sua história para que outras pessoas possam se beneficiar das informações?

Por fim, digamos que sua meta seja se tornar gerente ou galgar o próximo nível de influência na organização em que trabalha atualmente. Buscar uma dessas duas coisas será uma tarefa de ganho por si só, com muitos passos envolvidos. O primeiro é descobrir se esse nível que você deseja alcançar requer certificados profissionais, habilitações, diplomas de mestrado ou doutorado, ou títulos que você precisará obter. Se essas coisas não forem necessárias para progredir na organização — ou se você já preencher as condições necessárias —, um segundo passo seria começar a falar com pessoas que poderiam indicá-lo a um cargo de gerência e dizer a elas que você está interessado. Que livros ou seminários sobre gestão você poderia começar a pesquisar? Que boletins informativos você poderia assinar, e em que blogs ou fóruns sobre gestão poderia se inscrever? Comece atualizando seu currículo, portfólio e documentos de endosso (cartas com elogios de clientes, prêmios do setor, avaliações de desempenho, exemplos de seu trabalho, cartas de recomendação etc.). Dedique-se a citar e fornecer exemplos de quando você melhorou alguma coisa em seu cargo atual, exibindo assim uma verdadeira liderança. Em seguida, é preciso descobrir que cargos estão disponíveis, para que regiões do país você estaria disposto a se mudar caso a nova função o exija e como poderia se candidatar a um cargo.

UM SALTO DE FÉ

Há ainda um salto de fé a ser feito. Você pode fazer o *brainstorming* dessa tarefa de ganho, o fluxograma dela, colocá-la na agenda, defender seu espaço de tempo... mas, quando chegar a hora, talvez você não queira se dedicar a ela ou não seja capaz de instilar em si mesmo o entusiasmo necessário para colocá-la em prática. Sua agenda não pode *fazer o trabalho* por você; é você quem está no controle da situação.

Fatores como medo e preguiça podem estar contendo você. Talvez seja preciso reagendar o compromisso de ganho duas ou três vezes, até se cansar de adiá-lo e estar pronto para fazer uma tentativa. Você precisa de um pouco de disciplina para começar. É aqui que o *brainstorming* e a elaboração do fluxograma com etapas intermediárias serão proveitosos. A coisa não vai acontecer de imediato. Você não precisa dizer: "Vou comprar hoje uma propriedade para investimento, vou ingressar hoje na faculdade de direito, vou me candidatar hoje ao cargo de prefeito, vou abrir hoje uma sorveteria ou hoje vou me tornar um gerente". Você precisa de muito menos disciplina para dizer: "Hoje vou dar um telefonema" ou "Vou fazer umas pesquisas hoje". Esses passos menores, menos intimidadores, ajudam muito a criar ímpeto ao redor de sua meta, e, uma vez que começou, o ímpeto se tornará algo que lhe proporcionará a energia necessária para seguir adiante.

Se você sente que chegou a um ponto no qual precisa desse ganho na sua vida, *certamente* encontrará o mínimo de disciplina necessária para dar os primeiros e pequenos passos: fazer o *brainstorming* e elaborar o fluxograma de sua meta. Você respeitará o compromisso em sua agenda quando chegar a hora de colocá-lo em prática. E, uma vez que esteja progredindo, sentirá a onda de endorfinas proveniente do senso de realização por ter iniciado sua jornada. Quanto mais orgulho e emoção você sentir, menos disciplina será necessária.

É por esse motivo que o ganho de cada pessoa é tão exclusivo e um processo extremamente individual. Uma meta que alguém defina *para* você não tem o mesmo benefício nem proporciona o mesmo senso de realização do que algo que você tenha criado por si próprio. A verdadeira meta provém da autodeterminação e do seu desejo de ter uma experiência; essa é a única coisa que confere a ela a capacidade de resistência em se manter importante e continuar a alimentar sua motivação por meio do desejo de alcançá-la. Se você não conseguir reunir a disciplina necessária para completar esse primeiro pequeno passo, não há compromisso da sua parte para com a meta. Talvez ela não signifique tanto para você quanto você pensava. É preciso se perguntar o seguinte: "Quanto eu *realmente* quero isto?"

Existe outra arma disponível para você, caso precise dela. Você respeita mais os compromissos que tem com as outras pessoas do que os que tem consigo mesmo? Se for esse o caso, talvez precise envolver outra pessoa em seu compromisso para fazer dele uma realidade, como um *coach* de vida ou carreira, um sócio ou *stakeholder*, ou ainda um *personal trainer*. Até mesmo algo simples, como pedir a um amigo que lhe pergunte de vez em quando se está respeitando seus compromissos de ganho, pode ser útil. Ter que prestar contas a alguém dessa maneira pode fazê-lo "comparecer" ao compromisso do ganho, porque você respeita seu relacionamento com essa pessoa.

No final, tudo gira em torno do desejo. Você deseja se sentir equilibrado, satisfeito e realizado o bastante para fazer mais do que tem feito diariamente, a fim de sair da rotina e levar sua vida adiante? Você precisa de uma mudança? Está orgulhoso de onde está neste momento, mas se sente pronto a assumir mais responsabilidades? Se for esse o caso, está na hora de começar a assumir o processo de ganho. Use sua agenda, seu fluxograma, um mentor — todas as armas que tiver no seu arsenal. Você identificou uma meta que pode fazer sua vida progredir, produzindo resultados significativos, e a dividiu em etapas menores, controláveis, que podem ajudá-lo a começar. Você a agendou e reservou um horário para ela, de modo que efetivamente tem esse tempo para começar. Você tem uma direção a ser seguida, conhecimento, desejo, tempo e uma ferramenta (sua agenda) para chegar lá, e também terá o ímpeto a seu lado tão logo comece. Essas armas podem ser mais fortes que o medo e a preguiça, podendo ajudá-lo a dar o salto de fé que você necessita. Mas você não vai realizar nada enquanto seu desejo de agir não for mais forte que o medo de fracassar.

Começar a trilhar o caminho do ganho lhe garantirá chegar ao final? Claro que não. Pela sua própria natureza, o ganho envolve o risco. Talvez sua pesquisa inicial vá revelar que esse ganho *em particular* não é, afinal de contas, adequado para você, ou pelo menos não é adequado neste momento. Você pode descobrir ainda que ele não tornará sua vida melhor amanhã, e que não deseja mais buscá-lo. Mas enfim terá certeza disso e poderá parar de pensar nele e desejá-lo. Isso lhe dará uma ideia melhor da direção que você deve seguir e que trará progresso à sua vida. *Saber o que você não quer pode ser tão valioso quanto saber o que quer*. Quando parar de pensar nessa meta, vai ter mais tempo para pensar no que quer. Poderá então usar esse conhecimento recém-descoberto para escolher um caminho que segue outra direção.

Não posso dizer se suas metas particulares são vantajosas ou não; só você pode decidir o que tornará sua vida amanhã melhor do que ela é hoje. Mas posso lhe dizer que, o que quer que tenha escolhido, é algo que você não tem que fazer, e é isso que o diferenciará das demais pessoas. Essas decisões — e os desafios que as acompanham — serão seu momento de definição.

NÃO ACRESCENTE MAIS TAREFAS EM UMA AGENDA JÁ LOTADA

Você não precisa encaixar mais tarefas para hoje. Acrescentar mais tarefas a uma agenda já lotada vai apenas deixá-lo ansioso. Em vez disso, folheie sua agenda até encontrar um horário vago. Não importa que esteja muito distante; avance até onde for necessário para encontrar um horário que não o deixará estressado nem pressionado pelo tempo. Você não conseguirá pensar criativamente nem relaxar o bastante para refletir sobre o ganho se se sentir dessa maneira. Depois de encontrar um horário vago, marque a sessão inicial de *brainstorming* para esse dia. Com a aproximação da data, você se sentirá mais tranquilo, sabendo que já tem um horário reservado para a tarefa. Você marcou, planejou, determinou qual é a tarefa — ela está lá! Só antecipe uma nova tarefa do fluxograma depois de concluir a anterior. Cumprir uma tarefa agendada não é tão difícil quanto encontrar um horário vago para agendá-la. Cuide de suas outras responsabilidades antes dessa prioridade enquanto a data se aproxima, mas *deixe aquele horário reservado*.

Se achar que não é realista planejar com tanta antecedência, pense a respeito dos outros tipos de compromisso que marcou, por exemplo, a ida ao dentista. Qual é a última coisa que seu dentista ou a assistente dele pergunta antes que você deixe o consultório? "Gostaria de deixar a próxima consulta agendada para daqui a seis meses?" Você compareceu à consulta de hoje, não compareceu? Defendeu o espaço de tempo daquele horário, reservou-o e não marcou nenhum outro compromisso naquela hora porque sabia que tinha uma consulta marcada no dentista. Se você pode honrar seus compromissos com o dentista, pode fazer o mesmo com relação às suas metas de vida mais importantes. Isso funciona do mesmo modo nos negócios. Eu marco rotineiramente compromissos com clientes com seis meses de antecedência, e as pessoas marcam casamentos, festas e férias com uma antecedência ainda maior. Defender um espaço de tempo é apenas uma questão de se comprometer com o que já está programado.

Então, como executar tudo isso para efetivamente tirar proveito da situação? Decida-se e comprometa-se. Quando você anotou suas tarefas de ganho no Capítulo 1 (que talvez tenham sido revisadas depois que tomou conhecimento de tudo o que o ganho pode fazer pela sua vida), decidiu o que tornaria sua vida amanhã melhor do que ela é hoje. Agora está na hora de *se comprometer* — mais especificamente, comprometer-se com duas coisas:

1. Planeje alguns minutos a cada dia, a cada semana e a cada mês.
2. Use a agenda como ferramenta para inserir o ganho em sua vida.

Os resultados que você obtém com esses dois compromissos lhe pouparão bem mais tempo do que consomem. Vão lhe possibilitar equilíbrio e satisfação com seu tempo e suas decisões, e lhe permitirão dar início ao caminho de progresso em sua vida.

Capítulo 6

Planejamentos mensal, semanal e diário

Sempre estive no lugar certo na hora certa. É claro que eu me conduzi até lá.

— Bob Hope

Decidir inserir o ganho em sua vida representa metade da batalha; agora você tem que se comprometer a fazer o que tem que ser feito.

Pense a respeito de todos os compromissos que você assume todos os dias: horas marcadas, reuniões, projetos no trabalho, tarefas, eventos e outras coisas. Você também tem um compromisso consigo mesmo de sobreviver – e executar todas as tarefas de prevenção da dor, para garantir que isso vai acontecer. Em troca do seu comprometimento, você recebe um salário e uma vida que é livre do medo das consequências. A maneira de fazer tudo isso acontecer e manter esses compromissos é assumir mais um compromisso: *planejar*.

Existem três níveis de planejamento – mensal, semanal e diário –, que atendem aos três diferentes níveis de tarefas e atividades dos tipos A, B e C que você executa todos os dias.

O *planejamento mensal* é para as suas tarefas de ganho – os compromissos do nível A. Vá para o próximo mês na sua agenda, examine os passos de *brainstorming* e de elaboração de fluxogramas que descrevemos no Capítulo 5 e anote-os na agenda. Planejar mensalmente suas tarefas de ganho lhe possibilitará ver o progresso e sua vida de um nível mais elevado em relação ao que vê quando visualiza as tarefas e os prazos finais de cada dia.

É claro que alguns meses terão mais espaço para o ganho do que outros. Eventos como datas de reuniões regionais, viagens de negócios, consultas médicas, comemorações, férias e eventos sociais são geralmente programados com antecedência – e todos são eventos que você anota na agenda quando se compromete com eles. Você poderá ver que algumas dessas coisas já estão planejadas quando examinar o mês seguinte. Muitos setores têm uma temporada movimentada, quando precisam do empenho total de todos os funcionários para obter a produtividade máxima; durante esses períodos, você talvez tenha que deixar o aprimoramento em suspenso por várias semanas. Por sorte, esses períodos costumam ocorrer anualmente e são em geral razoavelmente sistemáticos, de modo que, com um pouco de sorte, você também pode planejá-los com antecedência. Do mesmo modo, a vida pessoal de muitas pessoas tende a ser muito mais movimentada durante os meses de verão, quando ocorrem as férias, as comemorações em família, festas e encontros sociais.

Mas as tendências sazonais também significam que períodos mais lentos acabarão chegando — quando haverá mais tempo disponível para o ganho. Por conseguinte, *tire proveito* desses períodos. Programe um segmento de meia hora para uma tarefa de ganho e defenda esse espaço de tempo, mesmo que esteja marcado para daqui a vários meses. À medida que o tempo for passando, outras coisas começarão a se agrupar em volta do seu compromisso de ganho — mas ele vai estar agendado, por isso definirá o rumo desse dia. Faça seu planejamento mensal, encontre um dia vago e acrescente os compromissos de ganho.

O *planejamento semanal* é para as suas tarefas do tipo B. Agora que você está consciente do poder da agenda em fazer as coisas acontecerem, pode usá-lo para evitar adiar suas tarefas do tipo B — e garantir que recebam a atenção e a qualidade de que necessitam. Passe alguns minutos por semana determinando quais tarefas do tipo B estão se aproximando e para quando estão previstas. Não é interessante que você as deixe para o último minuto, porque a qualidade é importante nesse caso — portanto você deve planejá-las na agenda durante a semana e dar a si mesmo tempo suficiente para se concentrar nelas antes do prazo final. Essa abordagem vai alertá-lo a respeito de se a tarefa levará mais de um dia para ser concluída, se ela tem múltiplos passos que você precisa completar ao longo da semana ou se precisa de tempo para obter informações de outras pessoas que possam não estar disponíveis todos os dias. Você não pode deixar essas tarefas para o último minuto, porque elas produzem resultados importantes.

O *planejamento diário* é para as suas tarefas do nível C, coisas relacionadas à prevenção da dor que você tem que fazer todos os dias. Você pode planejá-las na véspera, à noite; pela manhã, quando acordar; ou quando chegar ao trabalho. No momento mais conveniente para você, passe cinco minutos planejando as 24 horas seguintes. Tenha em mente todos os itens específicos quanto ao tempo na sua agenda (trata-se de eventos, encontros marcados, reunião, tarefas do tipo A e tarefas do tipo B) e depois pense em todas as tarefas do tipo C ("ter que fazer") flexíveis quanto ao tempo que constam da sua lista de coisas a fazer nesse dia. Enumere essas tarefas em ordem de prioridade ou em termos do quanto será conveniente executá-las nesse dia. Este é seu planejamento diário. Se tiver um dia cheio de eventos específicos quanto ao tempo, terá menos tempo para se dedicar às tarefas flexíveis quanto ao tempo. Às vezes, dias como esses não deixam nenhum tempo livre para as tarefas flexíveis. Estar ocupado o dia inteiro em reuniões na maior parte do dia requer certo tempo de recuperação em algum momento para checar e-mails e a secretária eletrônica, fazer uma pausa ou lidar com pequenos problemas urgentes que possam ter surgido durante a última reunião. Planejar em excesso esse tempo entre as reuniões o deixará frustrado. Um dia mais leve, com menos itens específicos quanto ao tempo, ou até mesmo sem nenhum, lhe possibilitará encaixar mais tarefas flexíveis quanto ao tempo.

Um segredo do planejamento diário é fazê-lo *antes* de checar os e-mails e recados na secretária eletrônica desse dia. Se não fizer isso, seu tempo produtivo começará a ir na direção de qualquer coisa importante contida em um e-mail ou recado deixado na secretária eletrônica. O planejamento diário lhe confere mais controle sobre seu tempo produtivo.

Pela própria natureza deles, o e-mail e a secretária eletrônica são maneiras de outras pessoas chamarem sua atenção para o que é importante para *elas*. E é improvável que qualquer pessoa já tenha se tornado incrivelmente bem-sucedida fazendo o que está registrado na agenda de outras pessoas. Quando baseamos nosso processo de planejamento no que os outros querem de nós, é difícil nos livrar dessa mentalidade. Começar o dia privando-nos do nosso tempo produtivo não raro significa que também o encerraremos dessa maneira — e não chegaremos a lidar com nossa importante agenda. Você pode evitar essa armadilha priorizando os pedidos de outras pessoas e inserindo-os no seu planejamento de acordo com o mesmo critério. Isso evitará que você gaste seu tempo extremamente precioso com uma coisa que não faz nada para promover suas próprias metas.

Mas o que acontece se depois de ter planejado o dia perfeito você descobre, ao checar seus e-mails ou recados na secretária eletrônica, que um assunto urgente exige sua atenção imediata? Talvez não seja nem mesmo tão urgente, mas apenas mais importante do que as coisas que você já tinha programado.

Quando isso acontecer, ter um plano o ajudará a tomar melhores decisões. Um plano possibilita compará-lo com o assunto da secretária eletrônica e decidir qual a melhor maneira de usar seu tempo. Caso contrário, você não estará comparando o conteúdo desse recado na secretária eletrônica — por mais premente que ele seja — com absolutamente nada. Quando você não tem algo com que comparar suas decisões, *tudo* parece ser prioridade máxima. Em última análise, é claro que você está no comando do que é executado no seu plano e do que não é. Se surgir alguma coisa mais importante, você pode modificar seu plano para acomodá-la. Um plano possibilita ver essa coisa pelo que ela realmente é e, portanto, fazer melhores escolhas.

NÃO TEM TEMPO PARA PLANEJAR?

As pessoas frequentemente dizem que não têm tempo nem mesmo para planejar. E é verdade que parar para pensar e anotar coisas em vez de apenas se dedicar a qualquer atividade que capte primeiro sua atenção requer esforço e disciplina. No entanto, você será muito mais eficiente se administrar seu dia de acordo com um plano — e também verá a diferença nos resultados que vai obter. As crises e a pressão do tempo, que nos deixam tão oprimidos e estressados, não raro são criadas quando nos comprometemos com algo sem anotá-lo. Depois, nos esquecemos daquilo, procrastinamos durante o tempo produtivo, comprometemos exageradamente o tempo que temos disponível ou temos uma ideia irreal com relação ao tempo necessário para fazer as coisas que temos que fazer.

A próxima seção lhe mostrará como despender apenas *cinco minutos* por dia elaborando um plano diário, que vai lhe dar o controle sobre seu tempo produtivo.

OS BENEFÍCIOS DE UM PLANO DE CINCO MINUTOS

Primeiro benefício: Você não se esquece das coisas

Como pode seu cérebro reter a memória de você subindo em um trepa-trepa aos quatro anos de idade e esquecer o nome da pessoa que você conheceu há dez segundos? (Veja a Figura 6.1.)

Figura 6.1

Nosso cérebro é realmente estranho. Examinamos no Capítulo 4 como a constituição química do cérebro está estruturada para nos ajudar com a sobrevivência. No entanto, se precisar depender do seu cérebro para se lembrar de uma lista de coisas importantes, talvez seja mais interessante ter um *backup* — apenas por precaução.

Imagine que haja um novo dispositivo tecnológico de memória no mercado. Ele tem a incrível capacidade de, instantaneamente, conduzir sua atenção, em momentos aleatórios, para coisas que você se esqueceu de fazer no passado. Isso pode ser útil, mas a tecnologia tem peculiaridades. Em primeiro lugar, você nunca pode prever *quando* ela vai funcionar ou não. Segundo, em geral será tarde demais para fazer alguma coisa a respeito dos assuntos para os quais ela chamou sua atenção. Terceiro, ela só pode manter um ou dois pensamentos de uma vez. Quando você inicia uma nova tarefa ou pensamento, um que já existia é eliminado.

Quanto tempo você acha que esse dispositivo durará no mercado? Talvez causasse mais estresse e frustração do que qualquer outra coisa. Mas eis a parte inesperada: esse dispositivo é *seu cérebro*.

É isso que o seu cérebro faz com você. Você cai na cama depois de um dia exaustivo — e o que acontece quando começa a pegar no sono? Bam! Alguma coisa que você se esqueceu de fazer na semana passada surge de repente na sua cabeça. Oh, obrigado, cérebro! Isso é muito útil! Além de você *não* conseguir dormir tranquilamente, tampouco pode fazer algo a respeito dessa tarefa do trabalho neste momento! E quando você se levanta para ir até outra sala e se pergunta no momento em que chega lá: "Por que eu vim até aqui?" Você se esqueceu do que pretendia fazer apenas três segundos antes, porque tinha outro pensamento na cabeça. Frustração semelhante acontece quando está no meio de uma frase e se esquece completamente do que estava falando. Seu cérebro começou a frase e depois esqueceu o que queria dizer. E eu sei exatamente o que você está pensando quando um garçom não anota os pedidos de um grande grupo na sua mesa: "Por que ele não anota os pedidos? É bom que traga tudo certo!"

Se você visse seu cérebro na prateleira de uma loja, não o compraria! Não obstante, muitas pessoas se apoiam exclusivamente na memória para administrar o tempo todo a própria vida. Existe, contudo, uma maneira mais fácil e menos estressante (e talvez mais confiável).

Quando você tem um plano com poucos compromissos e várias tarefas de prevenção da dor flexíveis quanto ao tempo, não precisa mais *se lembrar* de todas essas coisas; só precisa se lembrar de seguir seu plano. No Capítulo 8, vamos falar mais a respeito de como você deve estruturar a sua agenda e lista de coisas a fazer para maximizar a eficácia delas bem como de diferentes tipos de sistemas a serem usados. Além disso, independentemente do sistema que você use, você continuará a desfrutar os benefícios de ter um plano. Um desses benefícios é a redução significativa do estresse. O seu sistema possibilita que você se concentre em uma coisa de cada vez, impede que os detalhes passem despercebidos e evita que você tenha aquelas lembranças desagradáveis repentinas na hora de dormir.

Segundo benefício: Você faz mais coisas em menos tempo

Até mesmo as pessoas que normalmente não elaboram um plano ou uma lista parecem fazer isso antes de tirar férias. Por quê? Porque elas sabem que não têm tempo a perder nessa semana; cada minuto *conta*! Se você quiser aproveitar plenamente esse período precioso de férias, você não pode ficar pensando a respeito da dor que você não evitou antes de sair de férias e das consequências que estarão esperando por você quando voltar.

Ter um plano diário lhe possibilita avançar de uma tarefa flexível quanto ao tempo para outra, sem usar um tempo de transição excessivo. Ficar sem saber o que fazer em seguida desperdiça tempo e o deixa sujeito a interrupções e distrações. Esse é o momento em que você tem mais probabilidade de fazer um lanchinho, bater papo, ser distraído pela mídia social, ficar em dia com as notícias, sonhar acordado, levantar-se para pegar um café, navegar na internet e assim por diante. Você fica menos propenso a se deixar distrair por essas coisas quando está envolvido com algo específico. Não estou sugerindo que você *nunca* deva fazer pausas durante seus afazeres. Mas, se precisa manter seu tempo produtivo, reduzir os períodos de transição entre as atividades ou tarefas é uma maneira eficaz de fazer isso.

Seguir um plano diário também melhora a eficiência. Pense no seguinte: quem sai mais rápido do supermercado? A pessoa que entra com uma lista de itens separados por seção ou a pessoa que entra lá sem nenhuma lista e sem saber ao certo aonde ir? Já fiz as duas coisas, e estou certo de que você também. Se o tempo que você leva fazendo as compras não é importante, vá em frente; ande sem rumo de um lado para o outro e divirta-se! Mas, se o tempo for uma preocupação, ter um plano é mais eficaz porque lhe confere direção, tornando cada passo mais fácil; você pode dedicar sua energia às tarefas que se apresentam em vez ficar tentando descobrir o que deve fazer em seguida.

Terceiro benefício: Você se torna proativo e não reativo

Planejar com antecedência permite que você seja proativo, e, como discutimos no Capítulo 4, isso mantém o estresse e a urgência baixos, possibilitando-lhe fazer um trabalho de melhor qualidade, mantendo-o no controle e lhe permitindo *decidir* qual a melhor ocasião para completar uma tarefa antes que o prazo final decida isso para você. Quando você não tem um plano, o tempo de trabalho produtivo se esquivará de você até o último minuto. Você acaba sendo *reativo* — o que provoca estresse e urgência elevados, um trabalho de qualidade inferior, e menos controle e conveniência.

Ser proativo também melhora a organização, possibilitando agrupar tarefas semelhantes. Em vez de descer até o primeiro andar do prédio onde você trabalha para uma reunião, voltar depois para sua mesa e descobrir que tem que descer de novo para falar com outra pessoa que trabalha no primeiro andar, você pode planejar com antecedência e economizar tempo fazendo essas coisas juntas. Agregue seus temas de reunião para poder aproveitar ao máximo o tempo que tem com todas as pessoas que estão na sala. Essa é a mesma razão pela qual faz sentido elaborar uma lista de supermercado: ir à loja toda vez que você precisa de alguma coisa seria um desperdício de tempo.

É por esse motivo que você deve elencar perguntas para seu chefe ou um cliente — para não ter que fazer uma segunda interrupção ao telefonar outra vez para a pessoa. É por esse motivo também que você junta pequenas tarefas que exigem que você se levante da mesa, ou até mesmo compra presentes de aniversário para uma data que ainda está bem distante quando já está na rua fazendo compras.

Quarto benefício: Você toma melhores decisões

Um plano fornece-lhe um método para avaliar o custo de oportunidade do seu tempo e calcular a melhor maneira de usá-lo. Ele também lhe oferece uma ideia realista do que você pode realizar hoje ao levar em conta eventos e compromissos específicos quanto ao tempo, bem como suas tarefas flexíveis quanto ao tempo. E, como você já sabe, um plano lhe fornece algo com que comparar novas prioridades. Quando você não tem um plano, tende a concordar com tudo o que aparece e solicita seu tempo. Um plano lhe possibilita comparar essas oportunidades ou solicitações com o que você já planejou e decidir qual a melhor escolha para você.

Digamos, por exemplo, que você tenha que participar de uma reunião hoje durante todo o período da manhã e talvez tenha algum tempo livre à tarde para executar uma importante tarefa do tipo B e algumas tarefas do tipo C flexíveis quanto ao tempo. Mas seu chefe passa pela sua mesa e pede que você comece a trabalhar em um novo projeto naquele dia. Na ausência de um plano, talvez você começasse a trabalhar imediatamente nesse projeto, o que possivelmente o faria ter que correr para completar a tarefa do tipo B no dia seguinte, antes do prazo final, e também jogasse as tarefas do tipo C para a frente até o prazo final delas. *Mas...* você tem um plano! Você pode dizer ao seu chefe: "Preciso da sua ajuda. Eis meu plano para hoje. Isso que está me pedindo é mais importante do que eu comparecer à reunião desta manhã? Ou devemos estender o prazo final da minha tarefa do tipo B que vence amanhã, para que eu possa começar a trabalhar hoje no projeto? Devo adiar essas tarefas do tipo C que você me pediu para fazer hoje para outro dia, e me dedicar ao novo projeto?" Talvez seu chefe responda que o que você já tem programado é mais importante do que o novo projeto. Se se der o oposto, talvez você possa deixar de ir à reunião para trabalhar no projeto — ou adiar as tarefas do tipo C até o dia seguinte. Não importa o resultado, você tomou uma decisão com base em boas informações — *porque tinha um plano*. Quer você se atenha ao seu plano ou o abandone em prol de uma coisa nova, pode tomar uma decisão melhor com base no que você sabe que é capaz de realizar de modo realista. Você sempre pode reajustar seu plano se algo urgente aparecer. No entanto, antes de mais nada, você *sempre* precisa ter um plano.

Ter um plano o ajuda a dizer não para coisas que envolvam a má utilização do seu tempo. E todos sabemos que dizer não às vezes pode ser difícil e desagradável. No entanto, você diz não para coisas o dia inteiro sem se dar conta. Lembre-se do custo de oportunidade do seu tempo; quando você dedica seu tempo a qualquer atividade, está, basicamente, dizendo não a todas as outras coisas que poderia estar fazendo naquele exato momento. Por exemplo, imagine que estejamos juntos em uma reunião; ao comparecer a essa reunião, você está dizendo não a telefonemas, e-mails, outras reuniões e interrupções durante esse período. Você também está dizendo não a tirar o dia de folga para jogar golfe. Todas as vezes que você diz sim para uma coisa, diz não para todo o restante durante esse período.

Digamos que você tenha me convidado para uma festa no próximo sábado e eu tenha recusado o convite, porque já tenho planos para ir a um casamento. Você ficaria ofendido? Provavelmente não; seria absurdo se ofender, porque eu já tenho um evento importante marcado para esse dia. Eu não estava dizendo *não* a *você*; apenas já tinha dito *sim* para *outra coisa*.

E quando *não* temos um evento planejado? Imagine a seguinte conversa:

Você: Olá, você quer ir ao cinema hoje à noite?
Seu amigo: Não, obrigado.
Você: Você já tem alguma coisa planejada?
Seu amigo: Não.

É bem provável que você não telefone para esse amigo durante um bom tempo. Ele não tinha uma justificativa; apenas disse não! Você *provavelmente* teria preferido se ele tivesse respondido da seguinte maneira:

Seu amigo: Não, obrigado, não posso. Tenho um voo bem cedo amanhã de manhã. Hoje à noite pretendo fazer a mala e dormir cedo. Telefonarei para você quando voltar no fim de semana e talvez possamos marcar alguma coisa.

Esta última resposta tem muito menos probabilidade de deixá-lo ofendido. Ficar acordado até mais tarde por ter ido ao cinema quando precisa se levantar cedo seria uma má utilização do tempo do seu amigo. Embora ele não tivesse um evento importante marcado para esse dia à noite, ele pôde dizer isso sem correr o risco de ofendê-lo, porque ele já tinha um plano.

Você já teve uma conversa do seguinte tipo com um amigo?

Seu amigo: O que você vai fazer segunda-feira à noite?
Você: Vou visitar a minha mãe. Por quê?
Seu amigo: O que você vai fazer terça-feira à noite?
Você: Tenho que trabalhar até tarde terça à noite. O que você tem em mente?
Seu amigo: O que você vai fazer quarta-feira à noite?
Você: Não tenho nada marcado para quarta-feira. Mas por que você está querendo saber?
Seu amigo: Ótimo! Venha à minha casa quarta à noite, e assistiremos a um documentário de três horas de duração sobre os padrões de migração dos pássaros.

Ora, talvez você *goste* de pássaros *e* dos padrões de migração deles, mas, mesmo que não goste, adivinhe o que vai fazer quarta-feira à noite? E vai fazer isso porque seu amigo simplesmente *procurou o tempo que você não tinha planejado*. Por quê? Porque qualquer coisa que seu amigo proponha vai se sobrepujar a uma prioridade inexistente, ou seja, *nada* — e *nada* era o que você tinha planejado.

Parece haver uma regra não escrita a respeito de solicitar o tempo de outra pessoa: se esta recusar seu pedido, é melhor que tenha alguma coisa planejada. Caso contrário, você ficará ofendido. Respeitamos quando alguém nos diz que tem um tempo reservado; somos menos propensos a respeitar um tempo não reservado, não planejado. As pessoas acreditam que o tempo planejado é importante. Mas, se elas lhe pedirem que você faça alguma coisa e você não tiver um plano, você deve então conferir prioridade maior à sugestão delas — em comparação com não fazer nada. É assim que somos pressionados a fazer coisas que não envolvem uma boa utilização do nosso tempo.

Ter um plano lhe dá escolhas. Você sempre pode alterá-lo se considerar que uma solicitação do seu tempo tem prioridade maior. Se não for esse o caso, ter outra coisa planejada é uma maneira socialmente aceitável de dizer não. O segredo do sucesso nesse assunto não é se tornar mais competente em dizer não, mas *em dizer sim para as coisas certas* — e depois deixar que sua agenda fale por você.

É claro que não é prático nem possível planejar cem por cento do tempo. Mas, quanto mais você tiver planejado um tempo positivo e produtivo, menos utilizações insatisfatórias dele acabará aceitando por causa de pressões, sejam profissionais ou sociais.

Quinto benefício: Você pode se recuperar melhor das interrupções

Quando estiver trabalhando com base em um plano e for interrompido ou distraído, tudo o que você precisa fazer é voltar novamente a atenção para seu plano e retomar a produtividade. Não importa o tempo que essa interrupção levar, você pode voltar exatamente ao que fazia antes que ela ocorresse, tomando como referência seu plano. Mas, quando você não tem um plano, recuperar-se dessas interrupções não raro consome mais tempo do que a interrupção propriamente dita. Uma boa recuperação mantém sua produtividade no caminho certo.

CRIE UM HÁBITO

Como tornamos uma coisa fácil e a colocamos no piloto automático? Torne-a um hábito e uma parte regular da sua rotina! Se você criar o hábito de anotar as suas tarefas dos tipos A e B na sua agenda, você efetivamente reduzirá a procrastinação quando a qualidade for importante. Cada tarefa de ganho na sua agenda o aproximará mais dos resultados que trarão progresso à sua vida. A maneira de fazer isso é criar um hábito de planejamento. Depois, uma vez que o hábito tenha sido criado, você não vai precisar mais de disciplina para fazer o que precisa fazer.

Capítulo 7
Administração de interrupções

E agora, por favor, me dê licença enquanto interrompo a mim mesmo.

— Murray Walker

Agora que você está munido de um plano, pode usá-lo para manter seu cérebro na rédea curta e permanecer concentrado. Mas o que acontece quando você precisa lidar com as interrupções e distrações que acontecem porque você trabalha com outras pessoas? Alguma vez alguém já o surpreendeu com um pedido urgente que o afastou de tal maneira do seu plano, que, naquele dia, você não conseguiu voltar ao que fazia?

É terrivelmente frustrante chegar ao fim do dia sentindo que não fez nenhum progresso no trabalho. Afinal de contas, você estava sentado o dia inteiro diante dele, não estava? Mas nem sequer conseguiu terminar todas as suas tarefas de prevenção da dor. Então, o que aconteceu? Ocasionalmente, e é bem provável que com mais frequência do que você gostaria, a quantidade de tempo efetivo que você passa concentrado, dedicado a um trabalho produtivo, pode ser menor do que seu nível de maior eficiência.

Interrupções e distrações são inevitáveis na maioria dos ambientes de trabalho. Até mesmo as pessoas que usam a modalidade do *home office* e conseguem evitar a atmosfera do escritório têm que lidar regularmente com telefonemas não planejados, e-mails, os próprios pensamentos, entregas dos correios, filhos, animais de estimação e qualquer pessoa que por acaso passe patinando, correndo ou caminhando pela porta delas durante o dia. Felizmente, a maioria dessas distrações é breve. Trabalhei em escritórios que eram repletos de distrações crônicas relacionadas ou não ao trabalho — entre elas, equipes que rotineiramente faziam reuniões em áreas abertas ao alcance do ouvido de todo mundo, uma impressora central localizada perto da minha mesa e até mesmo uma mesa de pebolim no escritório.

No entanto, distrações não são a mesma coisa que interrupções. As distrações podem acontecer em decorrência de problemas com autodisciplina, ou talvez por causa da cultura do escritório. Podem ser coisas que acontecem à sua volta e o afastam de suas tarefas, acabando com sua concentração. Isso pode se tornar um problema se acontecer com excessiva frequência; neste caso, você precisa estabelecer parâmetros a respeito do barulho ou talvez mudar de sala ou a localização da sua mesa. Um ambiente de trabalho com distrações excessivas pode conduzir a baixa produtividade e resultar em funcionários frustrados, que acham que as exigências impostas a eles são exageradas, injustas ou inatingíveis.

As interrupções, por outro lado, ocorrem quando alguém deseja sua atenção enquanto você está tentando se concentrar em outra coisa. Despendemos tanto tempo hoje em dia envolvidos com o trabalho colaborativo que passamos a aceitar as interrupções como parte natural do nosso dia. Mas algumas delas, que o afastam do foco no trabalho, podem ocupar todo o seu dia. A incapacidade de administrá-las pode significar ser obrigado a levar trabalho para casa ou permanecer no escritório depois do expediente para enfim conseguir se dedicar às suas responsabilidades.

As pessoas em uma empresa onde trabalhei precisavam constantemente ir até a mesa umas das outras por causa de produtos compartilhados no trabalho. No entanto, nesse tipo de ambiente, é muito fácil as pessoas se afastarem dos assuntos de trabalho e começarem a conversar sobre os planos para o fim de semana. Era agradável trabalhar em um ambiente cordial, e gostava muito dos relacionamentos que formei lá. No entanto, eu mesmo e alguns colegas começamos a ter dificuldade em permanecer concentrados enquanto nos preocupávamos em não ser rudes. Sabia que tinha que encontrar uma maneira de administrar as interrupções quando precisasse me dedicar a um trabalho sério.

Uma solução fácil seria fechar a porta da sala ou colocar uma placa na mesa com a frase "Por favor, não perturbe", e se recusar a falar com qualquer pessoa. Entretanto, em geral essa não é uma opção realista, porque as interrupções, na maioria das vezes, envolvem um trabalho que diz respeito a você, um trabalho com o qual você precisa lidar. Nem todas as interrupções envolvem um bate-papo supérfluo de escritório — e elas não são *essencialmente* ruins. Às vezes, pessoas com quem você quer falar ou informações de que precisa podem vir até você em momentos inconvenientes; você pode sentir que foi interrompido, mas mesmo assim está feliz por ter tido acesso a elas. Ocasionalmente, coisas proveitosas ou até mesmo incríveis podem acontecer em decorrência de uma interrupção. No entanto, você precisa, em algum momento, voltar ao que estava fazendo antes de essas coisas acontecerem.

Tentei pesquisar artigos para descobrir o que os especialistas em comportamento aconselhavam com relação à administração das interrupções, mas as táticas que eu li não pareciam funcionar para mim. Os especialistas sugeriam coisas como levantar-se quando alguém se aproximasse da mesa, evitar contato visual quando uma pessoa nos interrompesse ou tentar ir até a mesa *dela* em vez de ela vir até a nossa. Um desses especialistas chegou a mencionar algo a respeito de encurtar as pernas da frente das cadeiras do escritório, para que as pessoas se sentissem deslizando para a frente quando se sentassem. Isso tornaria a posição desconfortável e as incentivaria a permanecer menos tempo no local. Esse conselho foi efetivamente *publicado em um livro!* Isso me pareceu um pouco ridículo. Sendo assim, com o tempo, criei meus próprios métodos para administrar interrupções.

As perguntas que eu buscava responder eram:

- Como lidar com a interrupção (e a razão implícita nela) sem, é claro, me afastar da minha linha de ação ou ser rude quando o meu tempo está apertado?
- Como voltar rapidamente ao trabalho depois de uma interrupção de maneira a não perder *mais* tempo?

Essas são as questões que vamos abordar aqui.

ATENHA-SE AO TRABALHO ENVOLVIDO

Pode ser difícil se recuperar quando uma interrupção fica fora de controle ou seu propósito começa a degringolar. Quer goste ou não da pessoa que o interrompeu, você se pega desejando que o telefone toque para poder encerrar essa longa e inesperada conversa. É por isso que você precisa estabelecer um *parâmetro de tempo* para a interrupção tão logo ela surja. Esse é o segredo para mantê-la breve, quando isso for necessário.

A melhor maneira de fazer isso é expor o que está fazendo no momento em que alguém se aproxima de você — e depois fazer uma pergunta incisiva.

Eis alguns exemplos:

"Estava tentando terminar de ler meus e-mails. O que você tem a dizer é rápido ou você prefere marcar um horário para conversarmos mais tarde?"

"Tenho que dar alguns telefonemas esta manhã. Você quer discutir alguma coisa específica, ou podemos conversar mais tarde?"

"Tenho que ir a uma reunião daqui a cinco minutos. Você pode descrever seu problema em trinta segundos, ou prefere que eu ligue para você quando a reunião terminar?"

Até mesmo uma pergunta direta como "O que posso fazer por você?" ou, no caso de um telefonema, "O que exatamente você tem em mente?" pode rapidamente chegar ao motivo implícito na interrupção, fazendo seu colega saber que você não tem tempo naquele dia para papo-furado. Isso define o tom da conversa e envia a mensagem de que você pretende permanecer envolvido com seu trabalho.

Se perceber que a interrupção poderá ser relativamente longa, você deve então agendar um horário com a pessoa para assim que terminar a tarefa na qual está trabalhando. Se sua pergunta direta revelar um assunto que tomará mais do que alguns minutos para ser abordado, diga algo como: "Terei prazer em ajudá-lo com isso. Vou acabar o que estou fazendo daqui a mais ou menos meia hora. Assim que terminar, vou até a sua mesa e podemos conversar durante quinze minutos, tudo bem?" Posteriormente, quando voltarem a se encontrar meia hora depois, você pode estabelecer novamente parâmetros de tempo e propósito dizendo algo do tipo: "Ok, temos cerca de quinze minutos. Vamos ver se conseguimos tratar dos dois assuntos que você mencionou. O que exatamente você precisa que eu faça?"

O trabalho envolvido em uma interrupção geralmente pode se encaixar em uma das três seguintes categorias:

1. Uma *tarefa* que alguém deseja que você complete ("Envie a cronologia do projeto para a Michele").
2. Um *compromisso* que alguém deseja que você marque ("Você pode participar de uma reunião com o Roberto e a Jaqueline às catorze horas?").
3. Uma *troca de informações* (por exemplo, informações básicas ou estratégias de decisão).

Se o trabalho envolver o adiamento de uma tarefa da sua lista de coisas a fazer ou a inclusão de um compromisso na sua agenda, sua pergunta direta geralmente vai lhe dar a possibilidade de se ater ao trabalho e transformar a interrupção em um evento de apenas um ou dois minutos. No entanto, uma interrupção que requeira troca de informações poderá durar muito mais tempo — e acabar obrigando-o a reorganizar sua tarde.

A pessoa em busca de uma troca de informações procura dados, fatos e números, ou então antecedentes, contexto, uma opinião e conselhos/decisões. Por exemplo, alguém para na sua mesa para perguntar a respeito do resultado de uma visita de vendas. Se você apenas comunicar os fatos a respeito de quem você encontrou, do sucesso da venda e da quantia envolvida no contrato de venda, essa interrupção não deverá durar mais de dois minutos. Entretanto, fornecer informações sobre os antecedentes, o contexto, e dar uma opinião poderão requerer que você explique como recebeu a indicação desse cliente, por que o cliente escolheu seu produto em vez do produto de um concorrente, detalhes do contrato e se você acha que o relacionamento com ele será de longa duração. Talvez você tenha que responder à pergunta: "Como você acha que devemos conduzir o relacionamento com esse cliente?" Se uma interrupção começar a avançar pela área de antecedentes, contexto, opinião ou conselhos, é preciso transformá-la em um compromisso com hora marcada, porque essas informações levam mais tempo para serem transmitidas. Uma interrupção não planejada não é o melhor cenário para esse tipo de troca de informação. Sugerir uma reunião em um momento mais apropriado, preferivelmente depois de ter terminado a complexa tarefa com a qual está envolvido agora, vai garantir que a conversa de vocês receba o tempo e a atenção que ela merece e que você não vai perder a concentração no trabalho que programou para esse dia.

CONDUZA A CONVERSA INTERROMPENDO A SI MESMO

Às vezes, por mais que você se esforce, uma breve interrupção pode sair do controle. Não raro você pode perceber isso observando a comunicação não verbal ou a linguagem corporal de um colega; ele pode estar com pouco trabalho e ter tempo para desperdiçar. Se as últimas notícias, o tempo ou outros temas não relacionados ao trabalho se introduzirem na conversa, uma maneira educada de retomar o foco do diálogo, sem que seu colega fique ofendido, é *interromper a si mesmo* (em vez de interromper o colega) no meio da frase. Quando for sua vez de falar ou fazer um comentário, pare, exponha sua limitação de tempo e volte a tratar do assunto original da conversa. Você poderia dizer algo parecido com os seguintes exemplos:

"Concordo, estamos em meados de dezembro e parece que estamos em maio. Nós também saímos neste fim de semana e... Oh! Sinto muito; tenho que entregar este contrato daqui a uma hora, por isso preciso voltar a trabalhar nele. Enviarei para você no final do dia um e-mail com os valores de venda que você pediu. Nosso papo foi ótimo."

"Não, não assisti ao jogo ontem à noite; acho que vou tentar conseguir ingressos para o jogo do próximo fim de semana... Nossa, é melhor que eu volte a trabalhar neste relatório para não me atrasar e perder o prazo final. Vou anotar sua reunião na minha agenda para amanhã, então com certeza nos veremos de novo."

"Sim, eu vou à festa de despedida do Fernando. Ainda não comprei um presente; talvez você possa me dar algumas sugestões na hora do almoço... Puxa, sinto muito. Tenho que telefonar para todos esses clientes hoje, então é melhor voltar ao trabalho. Até amanhã, sem falta, eu lhe informo a situação do projeto."

Essa técnica permite que você encerre delicadamente sua conversa e informe ao colega que não tem tempo naquele dia para bater papo.

ESTABELEÇA EXPECTATIVAS

Se alguém o interromper para pedir que execute uma tarefa, você precisa estabelecer um intervalo de tempo para completá-la. Infelizmente, pode ser difícil obter uma resposta clara e direta a respeito de quando uma coisa precisa ser feita; a resposta em geral é "assim que possível". Eis uma boa regra prática: se você vai levar menos de 2 minutos para completá-la, faça isso agora. Execute o trabalho e siga em frente para poder retomar o que estava fazendo antes da interrupção e não precisar lidar novamente com essa tarefa. Se ela for levar mais de 2 minutos, abandonar tudo para trabalhar nela imediatamente talvez não seja a maneira mais realista ou eficiente de lidar com ela. Para evitar equívocos e ter uma ideia precisa das expectativas da outra pessoa, sempre pergunte qual é a *data máxima que você tem para concluir a tarefa*, para que possa inseri-la no seu plano. Se achar que não vai conseguir cumprir esse prazo final por causa da sua programação ou carga de trabalho, é preciso deixar isso bem claro desde o início. Ser realista a respeito das suas limitações de tempo pode ajudá-lo a priorizar o que é mais importante e equacionar em que ordem você deve completar seu trabalho.

A meta é lidar o mais rápido possível com o trabalho relacionado à interrupção – o que lhe possibilitará preservar seu tempo produtivo. Há dias em que você tem mais tempo para conversa fiada e se relacionar no trabalho. Mas, quando não é um desses dias – quando você tem o que parece ser uma montanha de trabalho para escalar –, faça uma pergunta direta, atenha-se ao trabalho envolvido e estabeleça expectativas para poder voltar às suas tarefas.

RECUPERE-SE E VOLTE AO TRABALHO!

Bem, você administrou a interrupção e voltou a atenção para o trabalho programado. Mas... *o que* era mesmo que estava fazendo?

Muitas pesquisas têm sido feitas a respeito da perda de produtividade associada às interrupções e ao tempo de recuperação necessário — especialmente no que diz respeito a quanto essa perda de produtividade custa às corporações. Um estudo de 2008 concluiu que as interrupções custam às corporações norte-americanas 680 bilhões de dólares em produtividade perdida anualmente, e outros estudos relataram que o trabalhador comum de um escritório passa quase um terço do dia de trabalho lidando com interrupções e o tempo de recuperação associado a elas.[1,2] (Veja a Figura 7.1.) As pesquisas também enfatizam que quanto mais detalhada e complexa a tarefa que você estiver executando quando for interrompido, maior o tempo de recuperação que você irá precisar para voltar ao mesmo estado de concentração em que você se encontrava antes que a interrupção ocorresse.

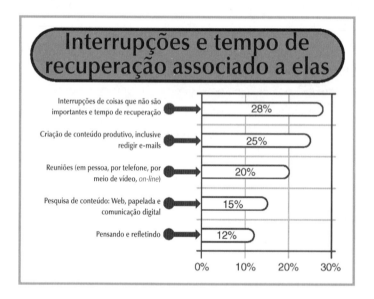

Figura 7.1

Este é o momento mais crucial para você consultar seu plano escrito — porque um dos benefícios dele é lhe dizer exatamente *por que* você não tem tempo para bater papo hoje. Ao consultar seu plano, você pode voltar aos seus projetos e metas programados para o dia, e recuperar mais rápido a produtividade depois de ter lidado com a interrupção. Se estiver trabalhando em uma parte detalhada, monótona ou complexa de um projeto, poderá se recuperar com mais eficácia se registrar onde você está no seu plano quando for interrompido. Você também deve anotar qual deverá ser a medida seguinte a ser tomada quando voltar a trabalhar no projeto, porque em geral você não pode depender do seu cérebro para se lembrar de uma ideia relevante que tenha acabado de ter. A anotação deve ser o mais detalhada possível para fornecer uma "deixa mental" que irá desencadear o estado em que você se encontrava quando foi interrompido, o que lhe permitirá readquirir o foco. Eu faço esse tipo de anotação até mesmo quando estou trabalhando em um projeto longo no final de um dia de trabalho, porque no dia seguinte isso me possibilita retomar minhas tarefas com mais facilidade em vez de ficar me torturando ao tentar me lembrar de uma excelente ideia que tive pouco antes de ir para casa no dia anterior. Basicamente, trato o fim do dia de trabalho como uma "interrupção" do fluxo de trabalho que estava fazendo para que eu possa retomá-lo sem perder tempo na manhã seguinte.

A Figura 7.2 apresenta um resumo dessas estratégias de administração de interrupções.

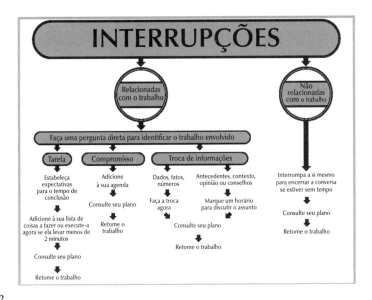

Figura 7.2

INTERRUPÇÕES DO TRABALHO DENTRO E FORA DE SUA PROGRAMAÇÃO

É claro que alguns projetos requerem mais concentração do que outros; em consequência, você talvez precise marcar um compromisso consigo mesmo e definir esse horário como um período durante o qual você *não pode ser interrompido de jeito nenhum*. Se tiver flexibilidade, isso inclui deixar a secretária eletrônica atender os telefonemas, não checar e-mails, colocar uma placa na sua mesa informando que estará indisponível das dez às onze horas naquela manhã, ou talvez até mesmo mudando o local de trabalho para uma sala de reuniões ou outro local tranquilo em que você possa fechar a porta. Se trabalhar com uma equipe que compartilhe agendas eletrônicas, você pode adicionar esse compromisso para que todo mundo saiba que você não deve ser incomodado. Por outro lado, deve reservar um espaço de tempo quando estiver disponível para interrupções ou "período de porta aberta", no qual acolherá positivamente os pedidos e estará disponível para responder a perguntas.

RETRIBUA O FAVOR

Por último, lembre-se de seguir todas essas sugestões quando *você* interromper outra pessoa. Diga à outra pessoa de quanto tempo vai precisar, vá diretamente ao assunto relacionado com a interrupção e negocie claramente suas expectativas de tempo para a conclusão do trabalho, se isso for apropriado. Em seguida, deixe a pessoa voltar ao trabalho dela. Se precisar de mais do que alguns minutos do tempo de outra pessoa, solicite por e-mail uma reunião, destacando alguns pontos que você precisa discutir. Peça à pessoa que programe um horário para você quando ela tiver um intervalo. Dessa maneira, você não interromperá a concentração dela. Se for breve e direto, você não fará seus colegas terem vontade de se esconder quando o virem se aproximando pelo corredor!

Capítulo 8

Como administrar tudo

Implementação da administração do tempo

Organizar é o que você faz antes de fazer alguma coisa, para que quando você a fizer, as coisas não fiquem confusas.

— A. A. Milne

Agora que você decidiu quais atividades de ganho produziriam resultados significativos na sua vida e se comprometeu a estabelecer prioridades e planejar de forma compatível, além de permanecer em dia com todas as suas obrigações do tipo "ter que fazer", você talvez esteja se perguntando: "O que eu faço para administrar tudo isso?"

Você se lembra da época do ginásio, quando tinha um caderno para cada matéria? Quando você ia ter aula de Matemática, pegava o caderno de Matemática. Você sabia exatamente qual era o caderno porque tinha escrito "Matemática" na capa dele, e suas anotações da aula anterior de Matemática estavam bem ali! Codificávamos tudo com cores: vermelho para Matemática, azul para Ciências, amarelo para História e assim por diante. A volta às aulas envolvia isso: decidir onde pôr suas coisas naquele ano para que pudesse facilmente encontrá-las quando precisasse delas. Éramos brilhantes naquela época, não éramos? A maioria de nós era mais organizada aos onze anos de idade do que nos dias atuais. Hoje em dia, muitas pessoas estão mais propensas a se encontrar na seguinte situação:

"Onde estão as suas anotações da reunião da semana passada?"
"Bem... hum... era um bloco amarelo... rabisquei uma árvore no canto da página. Procure uma árvore."

Esse é um bom sistema de recuperação de anotações? (Seus professores ficariam desapontados com você.)

Ser organizado *torna as coisas mais fáceis* – de encontrar, de lembrar e de administrar. Também *poupa tempo*. A administração do tempo diz respeito a organização e sistematização dos seus recursos de informação, e é isso que você vai aprender neste capítulo.

ORGANIZAÇÃO DOS RECURSOS DE INFORMAÇÃO

Para estar no controle das suas responsabilidades e do seu tempo, você precisa estar no controle dos seus recursos de informação. Entre eles estão os seguintes itens:

- Lista de coisas a fazer (tarefas)
- Agenda (compromissos)
- Contatos
- Anotações

Se conseguir manter esses recursos organizados e sob controle, você será capaz de:

- Cumprir as promessas que fez a outras pessoas.
- Lembrar e manter todos os seus compromissos (inclusive as tarefas de ganho).
- Retomar o ponto onde você interrompeu o diálogo com clientes e colegas.
- Organizar todas as suas informações para que possa consultá-las facilmente e economizar tempo quando precisar procurar informações importantes.

Algumas pessoas têm problemas com essas coisas a vida inteira. As tarefas e os contatos delas estão espalhados por toda parte, em adesivos *post-it*, guardanapos ou atrás de cartões de visita. (Veja a Figura 8.1.)

Se você não tem sistemas adequados para administrar essas coisas, você provavelmente tende a se valer de pedaços de papel avulsos ou *post-its* para poder se lembrar de importantes compromissos ou informações. Você talvez tenha várias agendas diferentes contendo compromissos conflitantes. Você talvez não saiba como recuperar informações que você se deu ao trabalho de reunir em algum momento do passado. Essa estratégia do tipo "Espero que eu não perca isto" tende a causar estresse quando você inevitavelmente *perde* ou se esquece de alguma coisa e acaba deixando passar um compromisso. Ter um sistema capaz de organizar e simplificar seus recursos de informação lhe poupará tempo e

Figura 8.1

frustração. Ele também é útil no que diz respeito à administração do tempo, e as próximas seções vão tratar exatamente de como fazer isso.

POR QUE SE ORGANIZAR?

Você pode pensar em ter um sistema de administração do tempo como um modo de *desobstruir* a mente à semelhança do que faria ao tentar arrumar a casa. Por exemplo, pense em um pequeno utensílio na sua casa que é a coisa menos provável de você perder, como os talheres: garfos, facas e colheres. Você já ouviu alguém na sua casa dizer: "Gostaria de comer agora, mas preciso procurar um garfo e uma colher. Alguém viu algum deles por aí?" Não conheço *nenhuma* casa que não tenha um lugar onde esses utensílios sejam regularmente guardados. O ciclo de utilização desses utensílios — entre estar na gaveta, ser usado, ser lavado e ser devolvido à gaveta — é tão básico que, se alguém encontrasse um garfo perdido em uma prateleira do banheiro ou debaixo do sofá, seria tão óbvio que ele estava fora do lugar, que seria devolvido à cozinha sem que a pessoa pensasse duas vezes. Em consequência, nunca temos que gastar tempo procurando por talheres, e você não ouve ninguém comentar sobre estresse de garfo e colher! Você já perguntou a alguém "Como vão as coisas?" e a resposta da pessoa foi: "Cara, as coisas estão tão ruins... Não sabemos nem onde estão os garfos." Uau, seria mesmo *ruim*.

Não seria maravilhoso se houvesse mais coisas na vida que fossem tão fáceis assim de localizar? Na sua casa ou no escritório, coisas físicas precisam de um local específico para podem ser encontradas e usadas repetidamente. Se não for atribuído nenhum lugar a um item específico quando não estiver sendo usado, ele passa a *atravancar* o espaço. E isso não apenas cria um espaço bagunçado, como também causa estresse.

Eis alguns exemplos de por que a desorganização causa estresse:

1. Você não consegue encontrar uma coisa quando precisa dela, o que o deixa frustrado.
2. As coisas ficam constantemente espalhadas e obstruindo a passagem. Você precisa deslocá-las de um lugar para outro quando não precisa delas, fazendo-o ter um trabalho extra.
3. O espaço atravancado lhe dá a impressão de ter algum trabalho inacabado, o que causa ansiedade e reduz a produtividade.
4. Às vezes você compra uma quantidade adicional de alguma coisa pelo simples fato de não conseguir encontrar a que você tinha, o que significa uma despesa adicional.

Seja sincero. Você tem alguma coisa na mesa da sala de jantar neste momento que não deveria estar lá? Você pensou o seguinte consigo mesmo quando comprou esse objeto: "A mesa da sala de jantar é o lugar perfeito para isto"? Claro que não. É bem provável que não estivesse pensando em onde colocar o objeto. Mas, enquanto não decide onde é o lugar dele, você o coloca em qualquer lugar. Ele passa então a atravancar o espaço e causa estresse todas as vezes que você olha para ele ou o procura. Se não consegue encontrar um objeto quando precisa dele, ele não pode ser útil para você. Uma vez que você designa um lugar para ele, no entanto, o objeto *passará* a lhe ser útil. Você sabe onde ele está quando precisa dele, eliminando desse modo uma inconveniência. É desse modo que ser organizado reduz o estresse e economiza tempo.

A bagunça e as coisas que atravancam o espaço também provocam constrangimento e vergonha em muitas pessoas. De modo geral, não queremos dar a impressão de ser desorganizados ou ter as coisas fora de controle. Você já percebeu que a quantidade de desorganização em nosso espaço físico geralmente se expressa, pelo menos em certo grau, na quantidade de controle que sentimos ter sobre a vida em determinado momento? Como você se sente quando seu espaço físico está limpo e arrumado, com todas as coisas no lugar? Mesmo que outras coisas na sua vida estejam lhe causando mal-estar ou aflição, pelo menos seu espaço não é uma delas. Extraímos paz e bem-estar de um local organizado e relaxante; ele possibilita sermos mais criativos, produtivos e lúcidos do que um espaço atravancado e desorganizado. Como você se sente quando seu espaço está entulhado e bagunçado e você tem dificuldade para encontrar as coisas? Você provavelmente fica frustrado, ansioso, estressado, deprimido e cansado, e sente que as coisas estão fora de controle — emoções que *esgotam* a criatividade e a produtividade. O simples fato de arrumar e organizar um espaço pode ajudar a aliviar essas emoções negativas, reduzir o estresse e lhe conferir um incremento de endorfinas e orgulho do qual você pode extrair energia, como discutimos no Capítulo 4.

A diferença entre sentir ou não estresse em algumas áreas de sua vida, como a relacionada à organização, se reduz a uma *tomada de decisão*. Por exemplo, você *decidiu* e *se comprometeu* com o sistema de garfo e colher na sua casa. O sistema funciona, e você não precisa tomar decisões adicionais a respeito desse assunto. Você *ainda* não tomou uma decisão a respeito dos objetos que estão na sua mesa de jantar. Você não se comprometeu com um sistema.

Isso também vale com relação aos seus recursos de informação, que tornam tudo isso relevante para a implementação da administração do tempo.

> Assim como você precisa organizar seus pertences físicos para permanecer no controle de seu espaço físico, também precisa organizar seus recursos de informação para manter o controle de suas responsabilidades e do seu tempo.

Da mesma maneira como você decide e se compromete com um local para guardar os objetos em sua casa, também precisa decidir e se comprometer com um local ou sistema para organizar sua lista de coisas a fazer, sua agenda, seus contatos e suas anotações, a fim de reduzir o estresse envolvido na administração de responsabilidades e do tempo. Isso proporciona maior paz de espírito e produtividade.

DECIDA-SE E COMPROMETA-SE

Como de costume, a parte mais difícil é a decisão. Psicólogos citam como os eventos mais estressantes da vida a morte de um ente querido, mudança de emprego e mudança de residência. O que esses eventos têm em comum? Decisão, decisão, decisão... Você tem que tomar muitas decisões em um breve período. Você já visitou uma pessoa um ano depois de ela ter se mudado e ela ainda não está completamente instalada? Experimente perguntar a ela: "Ei, o que há dentro daquela caixa ali no canto?" A pessoa provavelmente está pensando: "Não quero falar a respeito daquela caixa!" Por quê? O que você acha que aquela caixa contém? A caixa contém *decisões*! O que você vai fazer com isto? E com aquilo? Você realmente ainda precisa disto? Você deve doar isto? Você precisa tomar uma decisão a respeito de *tudo* o que está dentro da caixa!

As decisões podem ser difíceis, porque elas fazem nosso cérebro trabalhar arduamente. Isso é bem exemplificado por um estudo de laboratório feito com ratos. Cientistas colocaram um rato em um labirinto com um pedaço de chocolate na extremidade dele. O rato pôde sentir o cheiro do chocolate assim que foi solto no labirinto, e sua atividade cerebral começou a ficar frenética. Ele foi procurando e corrigindo seu percurso ao longo do labirinto até encontrar o chocolate. O experimento foi repetido diariamente, e a cada dia o rato exibia menor atividade cerebral enquanto seguia o trajeto correto até o chocolate. À medida que o rato foi aprendendo e repetindo a atividade, procurava cada vez menos ativamente. Em vez disso, apenas seguia o caminho memorizado até a recompensa, o que significava não precisar mais se esforçar tanto, tampouco tomar decisões a respeito da melhor maneira de chegar ao chocolate. A atividade de seu cérebro voltou ao nível básico.[1]

Infelizmente, os seres humanos não são muito diferentes dos ratos (pelo menos neste caso). Precisamos estar completamente envolvidos com o que fazemos quando aprendemos uma nova atividade e tomamos decisões. Isso requer atenção, foco e análise; não podemos estar executando múltiplas tarefas e pensando em outras coisas. Uma vez que tomamos uma decisão, aprendemos o processo, e ele se torna habitual, então o piloto automático do cérebro assume o comando. Não precisamos mais estar tão envolvidos com a tarefa e podemos até mesmo pensar em outras coisas enquanto a executamos.

Fazemos esse tipo de coisa todas as vezes em que transformamos decisões em hábitos. Pense na primeira noite que você passou na nova casa. Você se mudou e começou a arrumar seus pertences no novo espaço. O que aconteceu quando chegou a hora de guardar suas chaves? É bem provável que tenha gastado alguns segundos pensando onde as colocaria, para garantir que conseguiria encontrá-las na manhã seguinte. Algumas pessoas afixam um porta-chaves perto da porta para pendurá-las; outras têm uma pequena tigela na cozinha ou no vestíbulo para as chaves. Outras ainda as deixam no bolso o dia inteiro e as colocam na mesinha de cabeceira à noite, pondo-as novamente no bolso pela manhã. Não importa o que você faça, você sabe que esse é um *objeto importante* — algo que, se você perder, decididamente vai lhe custar algum tempo. Por isso, toma a decisão de colocar suas chaves em um lugar específico todas as noites e, depois disso, não precisa mais pensar no assunto. Você criou *um hábito*.

Se escolher e se comprometer com um sistema para administrar sua lista de coisas a fazer, sua agenda, seus contatos e anotações, e transformar isso em um hábito, ele se tornará um *sistema que não envolve decisões*. Isso reduzirá o estresse, economizará tempo e garantirá que você não se esqueça dos compromissos nem os assuma em excesso, tampouco que perca informações ou deixe de cumprir prazos finais. Uma vez que isso se torne um hábito, você não terá mais que parar, pensar e decidir como lidar com novas informações. Você não gostaria de ser organizado *dessa maneira*?

A melhor solução é desenvolver e depois *usar* um sistema integrado que inclua a habilidade de administrar coletivamente todos esses recursos. O desafio não é encontrar esse sistema, já que há muitos disponíveis. O desafio é se *comprometer* a efetivamente utilizar o sistema que você escolheu. Se conseguir fazer isso, colherá os benefícios que acompanham essa sensação de controle, como se lembrar das coisas, sentir-se mais organizado e menos estressado, encontrar as coisas mais depressa e administrar seu dia com mais eficácia.

SEGREDOS DO USO EFICAZ DE UM SISTEMA DE ADMINISTRAÇÃO DO TEMPO

Não importa o sistema que escolher, comprometer-se com ele requer seguir duas regras importantes:

1. **Você precisa usar seu sistema de *maneira exclusiva*.** Comprometa-se com apenas um local para as suas tarefas, compromissos, contatos e anotações. Coloque as tarefas flexíveis quanto ao tempo (tanto pessoais quanto profissionais) na sua lista de coisas a fazer, e todos os compromissos específicos quanto ao tempo (pessoais e profissionais) na sua (*única*) agenda. Coloque todos os contatos (pessoais e profissionais) na sua lista de contatos e organize as anotações em um único sistema ao qual você possa ter acesso a elas com mais facilidade. Vamos discutir como usar com eficácia cada um desses recursos nas seções que se seguem. Por ora, tenha em mente que usar um único sistema para os compromissos profissionais e pessoais é absolutamente fundamental. Ter listas de coisas a fazer e agendas separadas para assuntos profissionais e pessoais o fará assumir um excesso de compromissos, porque você não pode estar em dois lugares ao mesmo tempo.

   Uma parte importante dessa etapa é *se livrar de todos os pedaços de papel avulsos*. Em outras palavras, não escreva nenhuma nota para si mesmo em um *post-it* para se lembrar de telefonar para alguém; coloque o lembrete em um sistema de administração de tarefas. Não ponha notas com lembretes no bolso nem envie uma mensagem de texto para si mesmo a respeito de um compromisso; coloque-os imediatamente na sua agenda. Não deixe um aviso sobre uma conta atrasada na sua mesa nem imprima todos os seus e-mails para se lembrar de tarefas ou reuniões. Ponha tudo isso no seu sistema, e deixe que *ele* seja responsável por lembrá-lo das coisas importantes. Se tiver tarefas e lembretes em *post-its* espalhados por toda parte no escritório, em casa e no carro, você nunca vai saber se está de olho em tudo. Já vi muitas pessoas colocarem *post-its* no computador! Não é irônico? Ele é a ferramenta que poderia armazenar as informações com mais eficácia, mas as pessoas simplesmente desconsideram essa função extremamente útil e colocam um *post-it* nele. E não são apenas os *post-its*; são avisos lembrando que você precisa fazer alguma coisa, pastas que você deixa sobre a mesa até estar pronto para lidar com elas e assim por diante. É assim que você perde de vista as obrigações. As tarefas que estão escritas em pedaços de papel avulsos são como os objetos na mesa da sala de jantar: atravancam sua mente até que você consiga executá-las. Assim como os garfos, as tarefas precisam de um sistema. Usar um sistema com exclusividade vai garantir que nada se perca ou seja esquecido.

2. **Você precisa manter seu sistema sempre com você ou ter acesso móvel a ele.** Você precisa ser capaz de acessar seu sistema tanto do computador de casa quanto do escritório, ou remotamente, de um dispositivo móvel como um *smartphone*. O que acontece comumente se não puder acessar seu sistema? Quando alguém pergunta se você pode comparecer a uma reunião esta tarde, você terá que responder: "Vou verificar quando voltar ao escritório e mando um e-mail para você". Se uma pessoa perguntar se você pode almoçar com ela hoje, você terá que responder: "Vou ver como a manhã vai se desenrolar e ligo para você depois". Enviar e-mails e dar telefonemas depois! Isso não é estar no controle; é criar mais trabalho para si mesmo.

Ter um acesso constante ao seu sistema — no escritório, em casa ou no dispositivo móvel — o manterá no controle das responsabilidades e do seu tempo. Você sempre saberá onde precisa estar e o que tem que fazer. Isso parece bastante básico, não é mesmo? A verdade é que quase todo mundo se debate, pelo menos parte do tempo, com o fato de estar atrasado, perder compromissos, esquecer-se de tarefas ou atrasá-las, comprometer em excesso o próprio tempo, marcar dois compromissos na mesma hora ou ficar sem tempo. Você pode vencer a incerteza e evitar esses lapsos tendo um único sistema e mantendo-o sempre com você.

O QUE SEU SISTEMA PRECISA FAZER

As tecnologias mudarão, e novas ferramentas, aplicativos ou *smartphones* chegarão ao mercado para ajudá-lo a administrar seus recursos de informação. Características, campainhas e sons adicionais podem ser úteis, convenientes e até mesmo divertidos, mas, seja qual for o sistema que escolher, ele precisa ajudá-lo a fazer três coisas básicas:

1. Criar listas de coisas a fazer diárias e futuras (em outras palavras, atribuir uma data a cada tarefa).
2. Visualizar obrigações específicas quanto ao tempo e flexíveis quanto ao tempo *simultaneamente* (compromissos e tarefas do dia).
3. Documentar categorias de informações (manter contatos e anotações).

A maioria dos sistemas e *smartphones* baseados na tecnologia permitem que você faça todas essas coisas. A característica mais proveitosa — mas provavelmente a menos utilizada — é a capacidade de visualizar simultaneamente a sua agenda (específica quanto ao tempo) e a lista de tarefas (flexível quanto ao tempo) de cada dia. Para administrar seu dia da melhor maneira, você precisa ver ao mesmo tempo onde precisa estar e o que tem que fazer.

Vamos examinar cada um dos recursos de informação para verificar a melhor maneira de administrá-los e por que eles são essenciais para seu sistema de administração do tempo.

SISTEMA DE ADMINISTRAÇÃO DE TAREFAS: LISTAS DE COISAS A FAZER

Digamos que alguém lhe diga o seguinte: "Ligue para mim mais ou menos daqui a três semanas para fazer o acompanhamento" depois de uma reunião ou projeto. Como você mantém um registro dessa tarefa? Você a anota na agenda como um compromisso específico quanto ao tempo, embora ele não tenha um dia ou hora específicos relacionados a ele? Você a anota em uma lista de coisas a fazer e apenas a deixa lá durante três semanas? Você a anota em um *post-it* e o prende na parede da sala?

Como você talvez tenha adivinhado, nenhuma dessas abordagens é a ideal. Mas, se sistematizar as tarefas, elas virão até você quando tiverem de ser completadas. Você então pode se lembrar delas, priorizá-las e executá-las.

Sistematizar significa apenas armazenar tarefas de acordo com a data em que pode completá-las. Você precisa colocar todas as tarefas que aparecerem em uma lista de coisas a fazer diária ou futura. Quem administrará essas listas vai ser seu sistema de administração de tarefas. Vamos examinar como essas listas funcionarão para você.

Como sabemos, tarefas de prevenção da dor flexíveis quanto ao tempo não são incluídas na agenda; elas vão para a lista de coisas a fazer. Lembre-se dos segredos para usar seu sistema com eficácia: use apenas um sistema, livre-se dos pedaços de papel avulsos e garanta acesso ao sistema a qualquer hora, de qualquer lugar.

Manter todas as suas tarefas juntas garantirá que você sempre saiba o que precisa saber. Você simplesmente verifica a sua lista para ter certeza de que não esqueceu nada. Isso reduz o estresse, lhe confere paz de espírito e faz com que você sinta confiança na sua capacidade de completar tanto as suas obrigações do tipo "ter que fazer" quanto as tarefas de ganho do tipo "não ter que fazer" (*mas querer fazer*).

Seu sistema de administração de tarefas deverá lhe proporcionar a capacidade de criar uma lista diária e uma lista futura de coisas a fazer.

A maioria das pessoas tem uma lista contínua de coisas a fazer que simplesmente se arrasta de um dia para o outro. Todas as vezes que elas pensam em alguma coisa que têm que fazer, adicionam à lista. Elas acabam então examinando cada tarefa que têm na cabeça, todos os dias, não importando o fato de poder ou não efetivamente executá-la naquele dia. (Veja a Figura 8.2.) Você acha que isso torna mais ou menos provável a efetiva finalização das tarefas prementes desse dia? *Menos* provável, é claro. Não só é opressivo olhar, ao mesmo tempo, para todas as coisas que você já pensou em fazer, como também é irreal o simples fato de pensar na possibilidade de tentar finalizar tudo.

Figura 8.2

Você acaba adicionando mais coisas à sua lista na segunda-feira, acrescentando um pouquinho mais na terça e na quarta, esperando sinceramente perdê-la antes da quinta-feira e arremessando-a do outro lado da sala na sexta.

Sistematizar as tarefas elimina essa sensação de frustração. Exige que você armazene suas tarefas de acordo com a data em que podem ser executadas.

Pense em um dia como o que é mostrado na Figura 8.3.

Quando você tem um dia como esse, no qual compromissos específicos quanto ao tempo vão tomar a maior parte do dia, seu tempo flexível é limitado. É irreal tentar encaixar nele tudo o que você tem que fazer. Você acabará se sentindo ansioso e frustrado por não ter concluído o que se propôs fazer. Se fizer isso dia após dia, as tarefas se acumularão na sua lista. Depois de algum

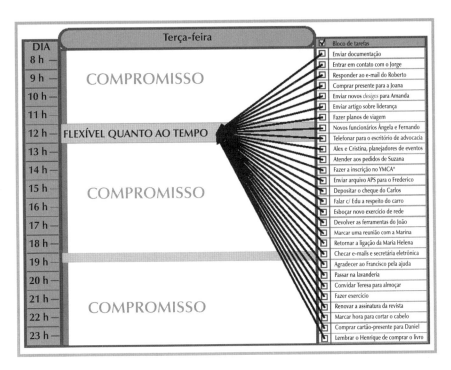

Figura 8.3

tempo, você se tornará insensível à presença delas, e nunca de fato vai completá-las enquanto não se tornarem urgentes. Esse mau hábito faz com que apenas as tarefas urgentes captem sua atenção. Outras tarefas passam despercebidas, e você se esquece delas. Esse é o modelo reativo de motivação pelo medo que discutimos no Capítulo 4. A regra para criar uma lista diária razoável de coisas a fazer é a seguinte:

Se você não pode fazer uma coisa hoje, não olhe para ela hoje.

---

* A YMCA (Young Men's Christian Association) foi fundada em 1844 na Inglaterra, por Sir George Williams; o objetivo da organização é colocar os princípios do Cristianismo em prática, através de um desenvolvimento do espírito, mente e corpo. No Brasil, Associação Cristã de Moços ou Associação Cristã da Mocidade (ambas usando a sigla "ACM") são os nomes, respectivamente, da ramificação brasileira e da ramificação portuguesa da Young Men's Christian Association (YMCA (N.R.))

Examine os compromissos específicos quanto ao tempo do dia, avalie quais tarefas de prevenção da dor ou flexíveis quanto ao tempo para as quais você terá tempo hoje, ou as que vencem hoje, e coloque-as na sua lista diária de coisas a fazer.

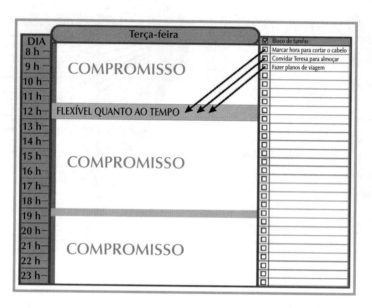

Figura 8.4

A Figura 8.4 apresenta uma lista mais apropriada para um dia como esse. Você pode aproveitar a pequena quantidade de tempo produtivo entre seus compromissos programando apenas algumas tarefas de prevenção da dor. Isso é bem melhor do que ficar ansioso por uma longa lista com a qual é impossível lidar em um dia como esse. Assim como você fez quando estava programando suas tarefas de ganho no Capítulo 5, examine os compromissos específicos quanto ao tempo quando estiver elaborando sua lista diária, a qual deve incluir as tarefas de ganho que você anotou na agenda. Em seguida, veja quantas tarefas de prevenção da dor você pode encaixar no espaço restante flexível quanto ao tempo. Se você estiver olhando para uma lista razoável em vez de para uma lista opressiva, é menos provável que você desperdice tempo e mais provável que você efetivamente conclua as suas tarefas. Você também terá uma probabilidade menor de descartar o seu compromisso com uma tarefa de ganho em prol de tarefas de prevenção da dor menos importantes.

Você deve programar todas as outras coisas para um dia em que tenha uma chance maior de realizá-las. Se só puder executar determinada tarefa na próxima quarta-feira, coloque-a na lista de coisas a fazer da quarta-feira e não permita que ela o deixe estressado hoje. Depois, quando usar seus cinco minutos para planejar a próxima quarta-feira, você verá essa tarefa. É para isso que serve uma lista *futura* de coisas a fazer.

Eis alguns exemplos de tarefas que entrariam em uma lista futura de coisas a fazer:

1. Regina pede que você telefone para ela daqui a três semanas para acompanhar um projeto. Adicione a tarefa "telefonar para Regina a fim de fazer o acompanhamento do projeto XYZ" à sua lista de tarefas e atribua a ela uma data para daqui a três semanas. Isso evitará que você fique olhando para essa tarefa na sua lista todos os dias até lá. Quando a data chegar, você pode realizar a tarefa, sem ficar pensando nela nesse intervalo. Você também poderia criar um compromisso específico quanto ao tempo para telefonar a ela nesse dia, tornando assim essa tarefa um compromisso agendado. Mas, se não atribuir um horário para ela, ela vai permanecer na sua lista de coisas a fazer para esse dia, daqui a três semanas.

2. Você quer se lembrar de comprar um presente para o aniversário de quarenta anos do Jorge, mas não tempo para fazer isso hoje. Adicione "comprar presente de aniversário para o Jorge" à sua lista de tarefas para uma data específica, na qual terá tempo para executá-la a fim de não aparecer na festa de mãos vazias.

3. Você tem que entregar um produto a um cliente daqui a três meses e delegou algumas etapas do processo ao Henrique. Adicione "verificar com o Henrique o progresso da Etapa 1" para uma data daqui a duas semanas. Adicione "verificar com o Henrique o progresso da Etapa 2" para uma data daqui a quatro semanas. Adicione "verificar com o Henrique o progresso da Etapa 3" para uma data daqui a seis semanas.

4. Você faz uma visita de vendas a um cliente que lhe diz ainda não estar pronto para comprar seu produto, mas sugere que você o procure novamente daqui a alguns meses. Adicione "entrar em contato com o Daniel para reapresentar a proposta" para uma data daqui a três meses.
5. Todos os anos você pensa consigo mesmo: "Por que esperei até o último minuto para fazer uma reserva para o jantar no Dia das Mães?" Adicione "fazer reserva para o Dia das Mães" à sua lista de tarefas em uma data em dezembro ou janeiro (ou tão cedo quanto desejar), para ter certeza de que vai deixar sua mãe feliz, pois vai levá-la ao restaurante que você escolheu nesse dia especial de maio!
6. Você tem um projeto com oito etapas. Use sua lista de tarefas para planejar as etapas e ter certeza de que vai permanecer no rumo certo. Adicione "Etapa 1", "Etapa 2", e assim por diante, à sua lista de tarefas nas datas em que precisa executá-las.
7. Você tem um cliente que faz um pedido mais ou menos a cada três meses. Adicione "verificar com o João Pedro a respeito da renovação do pedido" à sua lista de tarefas a cada três meses, apenas para ter certeza de que ele não está pensando em fazer negócio com os seus concorrentes.

Criar uma lista futura de coisas a fazer alivia o estresse e possibilita um planejamento realista. Permita-se olhar apenas para as tarefas com as quais tem tempo de lidar em determinado dia. Se não pode executar uma tarefa hoje, não olhe para ela hoje. Coloque-a na sua lista para a ocasião em que poderá lidar com ela. Essa é uma lista de 365 dias ou, como a chamo, uma lista futura de coisas a fazer. Se fizer isso, poderá deixar de pensar em uma tarefa ou objetivo até estar pronto para lidar com ele, quando então ele se apresentará a você.

Talvez você esteja se perguntando a respeito da diferença entre uma lista de 365 dias (uma lista futura de coisas a fazer) e uma agenda. Sua agenda se destina a compromissos específicos quanto ao tempo com outras pessoas, ou compromissos que você tem consigo para completar as tarefas dos tipos A e B (suas tarefas de ganho ou as importantes tarefas de prevenção da dor documentadas). A sua lista de 365 dias de coisas a fazer se destina às tarefas de prevenção da dor flexíveis quanto ao tempo que, mais cedo ou mais tarde, têm que ser executadas.

As listas futuras de coisas a fazer garantem que detalhes e compromissos não passem despercebidos. Se um item entrar na sua lista de coisas a fazer de hoje, você deverá ser capaz de executá-lo hoje. Se não for possível, coloque-o em uma lista futura de coisas a fazer e esqueça-se dele.

É aqui que você experimentará outro benefício de usar um sistema baseado na tecnologia. Uma vez que atribuiu uma data a uma tarefa, seu dispositivo o lembrará da tarefa nesse dia. Muitos sistemas de e-mail podem ser configurados para se sincronizar com seu dispositivo móvel e fazer com que um lembrete apareça no telefone na data em que indicar. Você também pode fazer um *backup* no seu disco rígido. Isso torna seu sistema uma lista de coisas a fazer diária e futura ao mesmo tempo. Também possibilita que seu sistema desloque automaticamente qualquer item não finalizado em determinado dia para o dia seguinte. Alguns sistemas chegam a colocar esses itens em vermelho ou o fazem lembrar de alguma outra maneira de que estão atrasados.

Essa abordagem ainda lhe permite acompanhar tarefas que você designou para outras pessoas. Se delegou a mim uma tarefa que anteriormente estava sob sua responsabilidade, você pode escolher uma data de acompanhamento na sua lista futura de coisas a fazer para indagar a respeito do *status* da tarefa. Essa abordagem também é a chave para a administração dos contatos. Se fizer um acompanhamento com seus clientes ou membros da equipe em diferentes intervalos, poderá usar isso para se manter informado sobre as próximas obrigações sem precisar marcar com eles um compromisso específico quanto ao tempo.

As listas futuras de coisas a fazer também evitam que você se sinta sobrecarregado por uma lista interminável de tarefas, eliminando a sensação de que você deixou de completá-las ao final de cada dia. O objetivo de tudo isso é equilibrar o número de tarefas que temos que executar e o tempo que levarão para ser executadas com a quantidade de tempo em que não estamos ocupados com compromissos específicos quanto ao tempo nesse dia. Equilibrar tarefas e compromissos é o segredo para você não se sentir estressado nem sobrecarregado. Em um dia em que tenha compromissos o dia inteiro, você deve ter, no máximo, duas ou três tarefas na sua lista de coisas a fazer. Se tentar fazer mais, vai se sentir oprimido, e sua produtividade e energia diminuirão. E quem fez isso com você? Para ser bem específico: seus pais. *Eles* fizeram isso com você.

Sempre culpe os pais! Brincadeirinha. *Você* fez isso a si mesmo, porque não foi realista com relação às suas limitações.

Recapitulando, você deverá usar o seguinte no seu sistema de administração de tarefas:

1. Escolha *um único lugar* onde vai relacionar todas as suas tarefas, tanto pessoais quanto profissionais. A melhor opção é um sistema baseado na tecnologia que você possa acessar do seu dispositivo móvel e ter sempre com você. Também é importante fazer remotamente o *backup* dele no seu computador ou *on-line*, para o caso de perder seu dispositivo móvel.
2. Comprometa-se a usar *somente o sistema que você escolheu*, para sempre saber onde procurar quando for consultar o que tem que fazer. Isso significa que você tem que *parar* de usar todas as outras estratégias de lembretes, inclusive pedaços de papel avulsos.
3. *Divida sua lista de tarefas* em listas de coisas a fazer diárias e futuras, atribuindo a cada tarefa que aparecer a data na qual deseja completá-la. Isso lhe dará uma lista de coisas a fazer específica para cada dia. Seja realista a respeito das suas limitações em cada dia, para reduzir o estresse e tirar proveito do tempo produtivo que você tem. Se não puder executar uma tarefa hoje, não olhe para ela. Coloque-a em uma lista de coisas futuras a fazer.

A AGENDA

Que sistema você usa atualmente para manter-se a par dos seus compromissos? Como você se lembraria da data se alguém o convidasse para um churrasco no mês seguinte? Você marcaria o evento na sua folhinha, na parede da cozinha? Você o colocaria na agenda do *smartphone*? E o inseriria também na sua agenda de trabalho? Você teria que incluir o evento nos três lugares?

Ter duas agendas separadas para compromissos pessoais e profissionais não vai lhe dar dois dias de 24 horas ao mesmo tempo; vai lhe dar apenas uma tremenda dor de cabeça quando você se der conta de que marcou dois compromissos conflitantes. Todos os seus compromissos precisam estar registrados em um único local. Você não pode separá-los simplesmente porque não pode estar em dois lugares diferentes ao mesmo tempo. Você tem amigos que constantemente dizem sim para as coisas sem fazer uma verificação ou colocar o compromisso em uma agenda? Eles são aqueles que acabam cancelando mais tarde, porque se comprometeram com outra coisa, não incluíram o evento no dia combinado ou então se esqueceram do que concordaram em fazer. Usar produtivamente uma agenda evita tudo isso.

Há um antigo ditado que diz o seguinte: "O homem que tem um relógio sempre sabe que horas são. O homem que tem dois relógios nunca tem tanta certeza". Isso também vale com relação aos seus compromissos. Ter dois lugares para registrar os compromissos é quase uma garantia de um possível conflito na programação, ao passo que ter um único lugar lhe garantirá sempre saber onde você deverá estar.

Os elementos necessários para você usar sua agenda com eficácia são os mesmos que você usa em seu sistema de administração de tarefas:

1. Escolha e atenha-se a um *único sistema de agenda* para todos os compromissos pessoais e profissionais específicos quanto ao tempo.
2. Tenha-o sempre com você ou garanta acesso móvel a ele.

Algumas pessoas usam um recurso chamado agenda de comunicação. Pode ser uma agenda geral para todo um departamento no trabalho, de modo que todos saibam onde qualquer membro da equipe está naquele dia, ou pode ser uma agenda para a família, em casa. Elas podem ser *on-line* ou um calendário de parede. O importante é que essa agenda se destine a outras pessoas que precisam saber onde você está em certo momento. Ela não se destina a ser seu único lembrete de um compromisso. Cada compromisso que você tiver nessa agenda de comunicação também precisa estar na *sua* agenda, para que você possa ver todos os seus compromissos ao mesmo tempo.

Ter acesso móvel à sua agenda também é crucial, porque vai lhe possibilitar decidir de imediato se pode aceitar pedidos para comparecer a reuniões, convites ou outros compromissos sem ter que consultar sua agenda em casa ou no trabalho.

Você já sabe que a sua agenda também inclui os compromissos que você assume consigo mesmo para realizar as suas tarefas de ganho. Dessa maneira, uma agenda representa onde nós passamos o nosso tempo e, por conseguinte, o que valorizamos. Nós expressamos que damos valor a certas atividades e relacionamentos *dedicando* a eles o nosso tempo — o nosso recurso mais precioso e insubstituível.

ELAS FUNCIONAM JUNTAS

Falamos na seção anterior sobre as listas de coisas a fazer que você precisa consultar na agenda para verificar as obrigações específicas quanto ao tempo antes de elaborar sua lista diária de coisas a fazer. Isso evita a programação de um número excessivo de tarefas em um intervalo de tempo insuficiente, predispondo-se desse modo ao fracasso.

Mas o que acontece quando sua lista de coisas a fazer é sua principal prioridade em determinado dia? Ocasionalmente, você fica de tal maneira sobrecarregado que não tem tempo para programar *nenhum* compromisso específico quanto ao tempo nesse dia. Esse poderia ser o caso se você tivesse itens cujo prazo final está se aproximando, ou se você vem esperando pacientemente, há muito tempo, para executar as tarefas de uma lista futura de coisas a fazer, portanto precisa levá-las em consideração ao marcar novos compromissos para esse dia. Digamos, por exemplo, que você esteja planejando um grande evento. Os dias que o precedem provavelmente não são uma boa ocasião para marcar compromissos com novos clientes ou outras atividades. É bem provável que você esteja sobrecarregado com incumbências, detalhes, tarefas e preparativos de última hora. E, embora essas coisas não tenham necessariamente um horário vinculado a elas, você precisa concluí-las em algum momento antes do evento. Em dias como esses, sua lista de coisas a fazer talvez seja sua principal prioridade. Você precisa finalizar os itens que constam nela para garantir que seu evento seja bem-sucedido, portanto programar compromissos específicos quanto ao tempo para outras coisas vai ter que esperar.

Sua agenda e sua lista de coisas a fazer precisam funcionar em conjunto porque ambas representam compromissos ou responsabilidades que você tem. Você precisa levar ambas em consideração quando planejar seu dia.

É por esse motivo que você precisa usar um sistema que lhe permita ver simultaneamente suas obrigações específicas e flexíveis quanto ao tempo. Se perceber que sua lista futura de coisas a fazer em certo dia está repleta de tarefas do tipo "ter que fazer", que vão prevenir que a dor se aproxime de você, então evidentemente esse não será o melhor dia para programar uma reunião de acompanhamento com o departamento de orçamentos ou um almoço com um cliente. Embora talvez nenhuma das tarefas seja específica quanto ao tempo, mesmo assim você tem muita coisa para realizar nesse dia. Por outro lado, poderá ser capaz de executar apenas uma ou duas tarefas flexíveis quanto ao tempo em um dia que esteja completamente tomado por reuniões.

Você só poderá tomar boas decisões a respeito da melhor maneira de usar seus dias se *criar o hábito* de planejar. Saber o que o espera — e quando você terá tempo para lidar com cada coisa — é uma habilidade que você desenvolve com planejamento e priorização habituais. E é uma habilidade que seu sistema de agenda o ajudará a desenvolver, possibilitando que você:

- Planeje suas tarefas de ganho na agenda e *defenda o espaço de tempo para executá-las.*
- Use *uma única agenda* tanto para os compromissos pessoais quanto para os profissionais.
- *Leve em conta tanto* suas tarefas específicas *quanto* as tarefas flexíveis em relação ao tempo, em qualquer dia considerado, quando estiver planejando e estabelecendo prioridades.
- Use um sistema que lhe proporcione *acessibilidade móvel* à agenda do escritório, seja de sua casa ou de onde quer que esteja, para que sempre possa tomar decisões adequadas a respeito de seu tempo e seus compromissos.

SER PONTUAL *VERSUS* ESTAR ATRASADO

Sabemos que o tempo é precioso e valioso — tanto o nosso quanto o das outras pessoas. Também sabemos como é importante ser pontual. O propósito de ter uma agenda é saber onde você deve estar. No entanto, apenas *saber* onde deve estar em certo momento não garante que você estará lá!

A simples verdade é que as pessoas que estão sempre atrasadas para cumprir suas obrigações não têm problemas para administrar o tempo; elas têm problemas para administrar decisões *quanto à pontualidade*. A questão subjacente é a escolha de cumprir seus compromissos e reconhecer — em vez de desconsiderar — as limitações do tempo. E, principalmente, tem a ver com o respeito. Se você respeitar seus compromissos e as pessoas com quem você os assume, inclusive consigo mesmo, você desejará cumpri-los pontualmente e descobrirá uma maneira de realizar isso.

Pense nesse assunto da seguinte maneira: se eu lhe oferecesse um milhão de dólares para que você comparecesse a uma reunião pela manhã, por mais cedo que ela começasse, você estaria lá, certo? Você *garantiria* uma maneira de não chegar nem um minuto atrasado. Na verdade, arrisco-me a dizer que provavelmente você chegaria cedo, porque teria previsto obstáculos durante o trajeto, como trânsito, problemas no trem ou no metrô, uma pane no despertador e assim por diante. É bem provável que verificaria duas ou três vezes a hora e o local da reunião. Algumas pessoas talvez até passassem a noite em um hotel bem próximo ao local da reunião, programando três alarmes diferentes para a manhã seguinte. (Lembre-se de que estamos falando aqui de um milhão de dólares!)

Se o compromisso for importante para você, você é capaz de descobrir uma maneira de cumpri-lo, aconteça o que acontecer. Tudo o que é necessário é um pouco de raciocínio, planejamento e bom senso para saber o que poderia atrapalhar, e depois determinar como lidar com esses fatores. O que isso quer dizer, então, em relação a um compromisso ao qual você chega atrasado? Quer dizer que o compromisso *não é importante o bastante para que você chegue na hora.* Também diz à pessoa ou pessoas com quem você vai se encontrar que elas não são importantes o suficiente para você.

As pessoas que estão habitualmente atrasadas apresentam muitas desculpas. O que todas essas desculpas dizem é que elas não respeitam suficientemente o compromisso ou o *relacionamento com a outra pessoa* para ser pontuais.

Eis o que aqueles que chegam na hora e depois precisam esperar ficarão sabendo a respeito do retardatário:

1. Essa pessoa não respeita nosso relacionamento.
2. Essa pessoa não respeita os compromissos dela.
3. Não posso ter certeza de que ela será confiável.

A confiança deles com relação a essa pessoa se rompe. Por outro lado, sempre que um compromisso é honrado, a confiança é fortalecida e o respeito é exteriorizado.

É claro que sempre existem exceções. Há casos em que você pode planejar tudo o que quiser, sair cedo para chegar a algum lugar com bastante antecedência, e mesmo assim chegar horas atrasado por causa de um engarrafamento. Às vezes algum problema relacionado a uma criança doente, um pneu furado ou um trem atrasado podem acontecer inesperadamente e atrapalhar seu planejamento perfeito. Se a pessoa que ficou esperando por você nesses casos não tiver conhecimento dos problemas que você teve, normalmente partirá do princípio de que você está sendo rude ou desrespeitoso. No entanto, como essas situações já aconteceram com todo mundo, em geral um sincero pedido de desculpas e uma explicação do que ocorreu é tudo o que se pode oferecer para remediar a situação. E comumente isso é suficiente para dissipar quaisquer sentimentos de desrespeito se você for autêntico e tiver se esforçado ao máximo para informar à pessoa o mais cedo possível que chegaria atrasado.

É importante respeitar um relacionamento, em *qualquer* área da sua vida, porque isso afeta o quanto as pessoas confiam em você, e até mesmo *se* confiam. Se você abalar repetidamente a confiança de outra pessoa, será difícil recuperá-la. Talvez você nunca tenha se dado conta da impressão que causa quando deixa de cumprir seus compromissos.

Não obstante, existem algumas situações em que o atraso é mais aceitável do que em outras. Uma grande reunião com muitas pessoas, como uma festa, por exemplo, tem uma hora de início no convite. Mas a maioria dos círculos sociais aceita certa janela de tempo, como a primeira hora da reunião, durante a qual todo mundo chegará sem ser considerado um atraso. Por outro lado, um encontro com um amigo em um restaurante para jantar em determinado horário é uma situação bem diferente. Se você chegasse uma hora atrasado nesse caso, teria um amigo zangado com quem precisaria se desculpar.

Os compromissos de negócios *sempre* se enquadram na segunda categoria. Quando você assume um compromisso com hora marcada para telefonar ou se encontrar com alguém, ou para chegar a uma reunião *de qualquer envergadura*, você precisa respeitar o tempo dos demais participantes. Todos os envolvidos assumiram um compromisso com hora marcada; se eles compareceram na hora e você não, tomarão conhecimento de que não podem acreditar no que você se propôs a fazer. Eles também podem chegar à conclusão de que você não valoriza o tempo deles tanto quanto valoriza o seu. Ter essa reputação nos negócios pode refletir negativamente em você de várias maneiras. Pode impedir que você ganhe da concorrência em propostas, que você seja escolhido para a equipe de um projeto, que seja promovido ou que seja capaz de contar com a cooperação de outras pessoas quando precisar dela.

Você conhece alguma pessoa que tenha a reputação de estar sempre atrasada? É esse o tipo de pessoa em quem você confiaria e com quem assinaria um grande contrato para sua empresa? Acredito que não. *Portanto, não seja essa pessoa.* Entenda que os compromissos que você cumpre dizem muito a respeito do quanto você é confiável, e os compromissos que você não cumpre dizem exatamente o oposto. Demonstre seu respeito pelos seus relacionamentos honrando os compromissos que você assume com as pessoas, na sua vida e no seu negócio.

ADMINISTRAÇÃO DE INFORMAÇÃO: CONTATOS E ANOTAÇÕES

Administrar informações importantes é uma parte crucial de seu sistema de administração do tempo porque essa é uma questão de conveniência, economia de tempo e organização. Quantas vezes durante o seu dia ou semana você precisa entrar em contato com outras pessoas por causa das suas atividades? Com que frequência você tem que se lembrar de quando falou com alguém, sobre o que conversaram e o que você precisa fazer antes de falar com essa pessoa da próxima vez? Quantas vezes você procura o mesmo material de consulta a cada semana? Ter essas informações em um sistema organizado pode evitar desperdício de tempo, frustração e até mesmo constrangimento.

Administração de contatos

Como você mantém um registro das pessoas na sua vida pessoal e profissional? Você faz isso apenas para os contatos pessoais ou você tem numerosos dossiês de clientes? Essas perguntas nos conduzem ao próximo recurso de informações. Manter o registro das pessoas na sua vida profissional e pessoal recebe o nome de administração de contatos. Então, qual é o seu sistema atual de administração de contatos?

Isso não envolve apenas números de telefone, endereços, e-mails e outras maneiras de você entrar em contato com as pessoas. Também inclui informações sobre as suas transações passadas com elas, os seus recentes pontos de contato e informações pessoais pertinentes como o nome do cônjuge, um lugar favorito para almoçar ou os contratos ou projetos anteriores que você tenha tido com essa pessoa. Esse tipo de administração de contatos é crucial nas profissões relacionadas com vendas ou serviços profissionais, ou na realidade em qualquer função na qual você tenha um contato regular ou repetido com os clientes.

Muitas empresas possuem elaborados sistemas de administração de contatos e treinam seus funcionários para administrar esses importantes relacionamentos. Mas, mesmo que você não tenha um sistema desse tipo, ainda assim você precisa manter um registro das pessoas com quem interage, quer sejam clientes, colegas da empresa ou do setor onde você trabalha, ou conhecidos de sua rede de contatos.

Muitos sistemas de e-mail e dispositivos móveis permitem que você tenha um arquivo ou página para cada contato que inclui um espaço para anotações sobre a última vez em que você falou com a pessoa. Assim como a sua agenda e listas de coisas a fazer, a melhor maneira de administrar seus contatos é escolher *um único local* para todos os contatos pessoais e profissionais e se comprometer a usar *exclusivamente* esse local.

Ter um único sistema para os seus contatos garante que você não perderá importantes informações sobre eles e que sempre saberá onde procurar quando precisar ter acesso a elas. Assim como no caso das suas agendas e listas de coisas a fazer, você precisa manter esse sistema em um lugar ao qual você sempre possa ter acesso ou que você seja capaz de acessar a partir do seu dispositivo móvel.

Se seu dispositivo móvel for o seu principal sistema para administração de contatos, não deixe de fazer regularmente um *backup* no seu computador ou *on-line*, para o caso de perder esse dispositivo. Perder essas informações seria prejudicial para o seu negócio, e você levaria muito tempo para restabelecê-lo.

Anotações

Onde você faz anotações? Em reuniões? Em seminários? E as listas? Você tem listas de supermercado, de projetos para a casa nos fins de semana, de restaurantes locais? Assim como os outros recursos de informação (acho que você sabe o que eu vou dizer!), você precisa escolher e se comprometer com *um único local para todas as suas anotações*. Você poderá então manter quaisquer informações que costume consultar repetidamente em um local central, o que o fará ter acesso a elas com mais facilidade. Por exemplo, se você participa de reuniões semanais nas quais faz anotações, talvez precise de um caderno barato que possa estar sempre em cima de sua mesa, já que provavelmente não vai precisar carregá-lo com você o tempo todo. Talvez não seja tão essencial assim manter as anotações sempre com você quanto é com outros recursos de informação. É claro que, se você precisa acessar remotamente suas anotações ou arquivos, deverá usar aplicativos de anotações de base tecnológica.

A maioria das pessoas categoriza as anotações de acordo com o *contato ou pessoa* a que dizem respeito (por exemplo, em um sistema de administração de contatos para vendas), com *a data* em que foram feitas (por exemplo, em anotações das reuniões semanais), ou com *o assunto* a que se referem (por exemplo, em um projeto multifacetado). Decida qual é a classificação mais apropriada para você e atenha-se a ela para poder encontrar facilmente suas anotações quando precisar delas. Se você precisar acessar remotamente as suas anotações relacionadas com projetos em andamento, você deverá usar arquivos de base tecnológica.

Quer você use anotações e listas baseadas na tecnologia ou em arquivos físicos, mantenha cada categoria de anotações em um único local. Se não puder consultá-las quando precisar delas, é inútil até mesmo o simples fato de fazer anotações.

EXAMINE APENAS UMA VEZ

Há mais uma regra que o ajudará a ser mais produtivo, uma vez que todos os seus sistemas de administração de recursos de informação estejam funcionando: examine *apenas uma vez*. Isso significa que você só deve tomar uma decisão quando uma coisa estiver diante de você. Por exemplo, você já abriu um e-mail ou recebeu um telefonema no qual alguém está pedindo alguma coisa e pensou: "Oh, não, vou levar vinte minutos para fazer isso. Não tenho tempo agora"? Você simplesmente passou por cima dele e foi ler o e-mail seguinte? Escreveu alguma coisa em um *post-it*? Uma vez que você já decidiu que a hora de executar aquela tarefa *não* é agora, avance só mais um pouquinho e reflita: "Se não for agora, quando será?" Uma vez que tenha tomado essa decisão, coloque o e-mail ou recado na secretária eletrônica em uma lista futura de coisas a fazer para esse dia e não se preocupe com a possibilidade de esse e-mail ou recado ficar enterrado e esquecido. Se for um compromisso, insira-o na agenda imediatamente para não se esquecer dele mais tarde. Se você se condicionar a tomar breves medidas no momento em que surge uma nova tarefa ou informação, com o tempo isso se tornará um hábito.

Se conseguir transformar em hábito a organização com suas listas de coisas a fazer, agenda, contatos, anotações e outras informações importantes, será capaz de manter o controle sobre suas responsabilidades, tempo e resultados. Como você se sente com isso? Tranquilo? Livre de estresse? Produtivo? Quem sabe triunfante? E há também uma outra coisa... Isso é perfeitamente *realizável* se você escolher e se comprometer com um sistema de administração do tempo que incorpore tanto as tarefas de ganho quanto as de prevenção da dor ao seu planejamento diário.

Capítulo 9

Entre em ação

Você quer saber quem você é? Não pergunte; aja! A ação vai defini-lo e delineá-lo.

— Thomas Jefferson

O PODER DE SUAS DECISÕES

Começamos falando a respeito de motivação e ganho, de equilíbrio, prioridades, energia e a importância de valorizar o tempo. Também discutimos maneiras práticas de usar o planejamento e a organização para maximizar o tempo e a produtividade a fim de alcançar os resultados que vão melhorar sua vida profissional e pessoal. O simples fato de você aprimorar a forma como toma decisões pode realmente afetar tudo isso?

Em uma única palavra, a resposta é sim. As decisões que tomamos resultam da vida que construímos. A vida que você tem hoje é o resultado cumulativo de todas as decisões e circunstâncias que fizeram parte dela até agora. Algumas dessas circunstâncias — onde você nasceu, quem são seus pais, a saúde dos membros de sua família — estão completamente fora do seu controle. Mas as decisões que você toma a respeito de como lidar com as situações que a vida lhe apresenta, os riscos que você corre, como usa o seu tempo e o ganho que decide realizar são as coisas que o tornam diferente das demais pessoas. Essas são as coisas que o definem.

Parte do que torna suas decisões fundamentais na construção de sua vida é que toda decisão tem consequências, sejam elas intencionais ou involuntárias. Esse é o efeito propagador das suas decisões, que pode se estender por todas as áreas de sua vida ou por camadas da sua organização. Quando somos crianças, ter escolhas é um sinal de que estamos amadurecendo e recebendo mais responsabilidades. Desse modo, a escolha é um privilégio valorizado. À medida que crescemos, nossos pais nos ensinam sobre as consequências, deixando-nos fazer escolhas cada vez mais importantes a respeito de coisas que podemos controlar, como a roupa que vamos usar, o que pedir em um cardápio, com quem devemos ter encontros românticos e de quais atividades extracurriculares devemos participar. As consequências gradualmente tornam-se mais sérias para cada decisão que tomamos — por exemplo, quando decidimos que carreira vamos escolher, com quem vamos nos casar e que valores abraçaremos em nosso comportamento. Tomamos até mesmo decisões que afetam outras pessoas, como membros de nossa família ou funcionários. É aí que tomar decisões deixa de ser um privilégio e passa a ser mais uma responsabilidade. Você tem que conviver com todas as consequências decorrentes de uma decisão, até mesmo as involuntárias, e assumir a responsabilidade por elas. Você não pode culpar ninguém nem atribuir o mérito delas a alguém. E elas também se tornam parte de quem você é.

DECISÕES SÃO COMO REGRAS

Você se lembra de quando era pequeno e se juntava a um grupo de crianças na rua para participar de algum jogo? A primeira coisa que precisava ser estabelecida eram as regras. Um grande número de coisas na vida funciona da mesma maneira. O esporte não seria nada sem as regras do jogo. A cultura do escritório, a família, o grupo de amigos e as organizações sociais têm regras que todos conhecem, sejam elas explícitas ou não. O fato de todas as pessoas aderirem ou não a elas determina o quanto os membros do grupo se dão bem e quantos problemas existem entre eles. Aprender as regras torna mais fácil para todo mundo saber o que esperar em determinada situação.

No entanto, trata-se de regras formuladas por outras pessoas. Você poderá ou não considerá-las justas.

Na sua vida, é *você* quem elabora as regras. Você talvez não as chame de regras, mas já tomou decisões de acordo com as quais vai viver, sem transigi-las de jeito nenhum? Essas decisões não guiadas com frequência por princípios éticos, ou apenas pela experiência de vida. Elas variam enormemente, como "Não comprarei nenhum produto com o cartão de crédito se já não tiver o dinheiro para pagar por ele" ou "Nunca me aproveitarei de alguém para progredir". Esses princípios também são uma parte de quem você é. Talvez nem sempre seja fácil cumprir essas decisões, em particular se definiu padrões elevados para si mesmo. No entanto, uma vez que você tenha decidido que deseja um princípio como parte de sua vida, isso elimina um ponto de decisão, simplificando dessa maneira as coisas. Assim como no espaço físico e na organização dos recursos de informação, uma vez que você toma uma decisão ou cria uma regra como essa — quer na sua vida pessoal ou profissional —, não precisa mais pensar, analisar, debater, refletir ou despender tempo com ela. Você sabe o que fazer quando surge a situação. E conhecer suas regras ajudará a guiá-lo rumo a decisões ou ações que o deixariam feliz.

SUAS DECISÕES DETERMINAM QUEM VOCÊ É

Por volta do início da década de 1970, alguém surgiu com a ideia de "encontrar a si mesmo". Esse termo se tornou um mantra geracional, utilizado como justificativa para as mais diferentes atitudes, como adotar comportamentos arriscados, terminar relacionamentos e partir para países estrangeiros com pouco mais do que uma mochila e uma atitude rebelde. Não estou bem certo se o termo tinha o mesmo significado para todo mundo que o usava, mas tenho certeza de que ele confundia bastante as pessoas que o ouviam. Como alguém pode "perder a si mesmo" a ponto de ter que ir para terras distantes a fim de se encontrar? E como esses comportamentos arriscados e viagens distantes resolverão o problema? Inúmeras almas perdidas — bem como personagens de novelas e de filmes ingênuos e dramáticos — viajaram pelo mundo, fazendo um exame de consciência e tentando, durante décadas, encontrar a si mesmas ou descobrir quem eram, devido a esse cruel enigma. Acho que está na hora de ajudá-las!

Saber quem você é significa saber *de que maneira você é diferente de todas as outras pessoas*. O que o torna um indivíduo? Em outras palavras, o que você faz que não precisaria fazer? Em que você acredita o bastante para buscar sozinho, mesmo que não tenha de fazer isso? Para você, o que faz a vida valer a pena? A ocasião de responder a essas perguntas geralmente aparece pouco depois de você desistir de se adaptar o tempo todo e começar a querer se destacar um pouco da multidão devido a seus talentos, habilidades, caráter ou competência. Não importa o modo de fazer sua busca, as respostas não estão em algum lugar lá fora. Tudo o que você precisa fazer é atentar para algumas perguntas às quais apenas você pode responder:

- O que você valoriza?
- Quais são suas prioridades na vida?
- Como você quer que sua vida seja?
- O que você deseja realizar ou experimentar?
- O que tornaria sua vida melhor do que ela é hoje?
- O que vai fazer a respeito?
- O que você quer que as pessoas pensem ou sintam quando ouvirem seu nome?
- Como você quer que as pessoas se lembrem de você?

Se puder responder a essas perguntas, meus parabéns: você encontrou a si mesmo! Pode ir para casa agora, porque já sabe quem é.

No entanto, a maioria das pessoas nunca pensou a respeito dessas perguntas ou não sabe como respondê-las. Elas estão confusas com esse conceito de descobrir quem elas são porque estão presas em uma rotina, eliminando diariamente itens da lista de tarefas que elas "têm que fazer". Elas não entendem de onde vem a sua autoidentidade porque estão ocupadas executando as mínimas exigências da vida, o que as deixa esgotadas. Elas estão empenhando quase todos os seus esforços na sua mera *sobrevivência* — que é o que elas veem todas as outras pessoas fazendo também — e não entendem o que as torna diferentes ou o que torna alguém um líder eficaz. Se você respondeu ou está se esforçando para responder a essas perguntas, e se decidir buscar o ganho em sua vida e se comprometer com ele, é pouco provável que um dia você venha a se encontrar nessa situação. Mas *você* é a única pessoa que pode responder a elas. Como discutimos no Capítulo 1, apenas você pode identificar o ganho que tornaria sua vida melhor, acabaria com o esgotamento e ocasionaria o equilíbrio, fazendo-o escapar da rotina, trazendo alívio à depressão e injetando energia em suas atividades. Somente você pode se colocar no caminho da liderança — um caminho que vale a pena ser percorrido e que inspira outras pessoas, tanto em nível pessoal quanto profissional, a segui-lo.

VOCÊ TOMA DECISÕES DE LIDERANÇA?

Suas decisões e as consequências delas determinam quem você é — e definem se você é ou não um líder. Quer resultem em liderança, administração ou má administração, são elas que o definem. Se as suas decisões fazem as coisas avançarem e melhoram as situações à sua volta, então você é um líder. Se as suas decisões carecem de coragem, inventividade, visão ou esforço para fazer qualquer tipo de melhora, então talvez você venha sendo um bom gerente, ou seja, você tem sido competente em conservar as coisas da maneira como elas são e manter o *status quo* mas não necessariamente em aprimorar nada. Se você tomou as suas decisões com base no ego ou em emoções como o ressentimento, a inveja, o egoísmo, então talvez você tenha administrado mal as suas responsabilidades e deixado as coisas piores do que estavam antes.

A liderança nos negócios envolve criar novos caminhos e fazer com que uma organização avance a partir de onde está hoje, em vez de manter as coisas do jeito que elas estão. Do mesmo modo, a liderança *pessoal* envolve conduzir a sua vida na direção que você deseja que ela vá, em vez de seguir as ideias de outras pessoas a respeito de como deveria ser a sua vida. Tanto nos negócios quanto na vida pessoal, o ganho faz isso para você. É difícil identificar o que o torna exclusivo se tudo o que faz diariamente é executar tarefas de prevenção da dor como todo mundo — indo trabalhar todos os dias, levando o lixo para fora e pagando as contas. O que você faz que é diferente do que todo mundo faz? O que você melhorou? O que você criou? O que você fez que não era obrigado a fazer? São as suas tarefas de ganho que o distinguem de outras pessoas. Buscar o ganho e fazer progresso significa liderar — a si mesmo *e* os outros. Essas são atividades que evitarão seu esgotamento, farão com que seus esforços valham a pena, ocasionarão satisfação e equilíbrio, e gerarão o ímpeto necessário para você seguir em frente.

NÃO É UMA COMPETIÇÃO

Você está construindo sua identidade enquanto trabalha rumo ao ganho. Sua identidade procede do fato de você saber quem é, do que realizou e de aonde está indo. Então, como obter sua identidade se não houver nenhuma movimentação em sua vida? Como você vai se diferenciar? Muitas pessoas tentam obter do mundo exterior esse senso do eu, isto é, competindo com outras pessoas e se comparando com elas. Essa é a abordagem que as pessoas adotam quando seu ego é ameaçado ou está insatisfeito, porque a função do ego é protegê-lo e apoiá-lo. Sem o forte senso de autoidentidade que ocorre quando você busca o ganho, seu ego tentará compensar essa carência competindo com as pessoas à sua volta e comparando-o com elas.

É bastante provável que você já tenha tido uma conversa com alguém que faz o seguinte: se sua empresa teve um crescimento de 10%, a dessa pessoa cresceu 20% e abriu dois novos escritórios este ano. Se você acaba de ir a um concerto, essa pessoa logo depois foi a outro, com ingressos na primeira fila. Se a neve chegou a uma altura de trinta centímetros na sua casa, ela chegou a sessenta centímetros na casa dessa pessoa no último inverno!

Isso pode acontecer nas circunstâncias mais bizarras. Há alguns anos, minha sogra estava em uma festa com meu filho no colo, quando ele era bebê, e comentou com a mulher que estava a seu lado: "Você já viu como as perninhas dele são rechonchudas?" A mulher imediatamente retrucou com: "As pernas do meu neto são duas vezes mais rechonchudas do que as do seu!" Minha sogra se aproximou de nós com o bebê, rindo, e disse que precisávamos alimentá-lo melhor, porque o neto dela tinha acabado de perder o concurso do bebê mais rechonchudo! Nós nem sabíamos que havia um concurso em ação, mas aparentemente tínhamos entrado nele e perdido!

Essas pessoas estão se identificando como parte de uma categoria. Elas então se separam dos outros por categoria, tornando-se superiores. Essa competição lhes confere a identidade de ser vencedoras em alguma coisa. Você pode sentir a competição se desenvolver enquanto a conversa prossegue se o ego delas for ameaçado.

A coisa é mais ou menos assim:

Você: A minha filha joga futebol.

A outra pessoa: A minha filha também joga futebol. (*Identificação*.) Ela joga em uma liga seleta e foi eleita a melhor jogadora desta temporada. (*Separação e superioridade*.)

Você: Esta é minha banda favorita.

A outra pessoa: A minha também. (*Identificação*.) Sou fã deles há vinte anos. Eu tinha um passe para os bastidores na primeira turnê de show deles. (*Separação e superioridade.*)

Você: Minha tia está doente.

A outra pessoa: Minha tia esteve doente. (*Identificação*.) Ela era minha tia predileta. (*Separação*.) Morreu há pouco tempo e me deixou muito dinheiro. (*Superioridade*.)

Você: Eu jogava em um time de futebol.

A outra pessoa: Eu também jogava em um time de futebol. (*Identificação*). Na verdade, meu time chegou ao campeonato estadual. (*Separação*.) E eu fiz o gol que definiu a partida! (*Superioridade*.)

Talvez todas essas coisas sejam verdade. Essas pessoas podem *realmente ter* mais escritórios internacionais, mais neve, mais gols no futebol e bebês mais rechonchudos do que os seus. Mas a tendência de transformar cada conversa em uma competição é proveniente da falta de autoidentidade, da falta de satisfação com a própria vida e da incapacidade de entender quem elas são e o que as torna exclusivas. Elas estão tentando estabelecer e desenvolver a identidade delas usando critérios *externos* (as pessoas ao redor delas) em vez de se desenvolver com base em seu *interior*.

Essa falta de identidade não só leva as pessoas a *competir* com outras; depois de algum tempo, elas começam efetivamente a *torcer contra* as outras, porque não se sentem bem com o rumo da própria vida. Isso é inevitável, porque, se você competir *o tempo todo, nem sempre* poderá ganhar. Elas assistem ao noticiário todas as noites para ver o caos que outras pessoas criaram na vida delas. Então desligam a televisão e vão para a cama se sentindo bem, porque pensam: "Eu tive um dia ruim, mas ele não foi tão ruim quanto aquilo!" A identidade delas é proveniente do fato de saberem que algumas pessoas estão em pior situação do que elas. A melhor coisa que essas pessoas conseguem dizer é: "Pelo menos não estou no noticiário das onze horas!"

Infelizmente, as pessoas não fazem isso apenas com desconhecidos na televisão. Ficar preso em uma rotina também pode afetar negativamente os relacionamentos pessoais. Digamos, por exemplo, que você e eu somos amigos. Sua vida está avançando e progredindo a cada mês, e a minha está estática ou piorando. Depois de algum tempo, começo a sentir inveja. A competição e o ressentimento se instalam, e agora eu desejo, em segredo, que você *tropece* durante a maratona da qual está participando neste fim de semana! Estou na verdade torcendo contra você, porque não quero que sua vida melhore, já que a minha não está melhorando.

Quando o ego assume o comando e começo a torcer contra você, fica difícil nosso relacionamento ser bem-sucedido. Afinal de contas, os relacionamentos envolvem conexão e compreensão, e não separação e competição. Esta última sugere que existe um vencedor e um perdedor, e não pode haver um vencedor em um relacionamento. Qualquer pessoa que se veja como um fracassado em um relacionamento sofrerá com a autoestima prejudicada e encontrará problemas, como deixar que outras pessoas a manipulem ou se aproveitem dela. Por outro lado, se você estiver constantemente tentando ganhar, está propenso a tornar-se obcecado pela maneira que os outros o distinguem. Ficará excessivamente preocupado com relação a qual é seu *status* no que diz respeito a bens materiais, como carros e casas, ou cargos e posições na empresa ou em uma sociedade. Seus relacionamentos se deteriorarão em ambos os casos, porque tentar derrotar alguém é exaustivo, sem mencionar o fato de ser prejudicial. Isso desgasta a confiança que duas pessoas precisam ter para viver um relacionamento bem-sucedido, quer essa ligação seja profissional, uma amizade, uma relação com a família, com vizinhos, com membros de uma equipe ou com outra pessoa.

Se a competição e a inveja tiverem comprometido os seus relacionamentos, e a melhor coisa que você seja capaz de dizer a respeito da sua vida for "Pelo menos não estou no noticiário das onze horas!", então provavelmente está na hora de inserir algum ganho em sua vida. O ganho pode ajudar a restabelecer o equilíbrio por uma razão incrivelmente importante:

Buscar o ganho faz seu foco se voltar novamente para seu interior.

Uma vez que você tenha decidido se voltar para o ganho, seu foco muda. Você se concentra em *você*, nas *suas metas* e *no que você deseja experimentar* em vez de no que as outras pessoas pensam ou fazem. Em resumo, você acaba com a competição.

CONSTRUÇÃO DE SUA IDENTIDADE DE LÍDER

Trabalhar para o ganho desenvolve identidade e autoestima, porque suas metas de criação, em particular, definem-no e constroem seu legado como líder. Você não pode construir uma identidade buscando apenas metas de consumo, porque elas representam uma *fuga* da vida e das responsabilidades. Você as utiliza como *recompensa* pelo trabalho que você faz. Tampouco pode construir uma identidade lavando roupa, levando o lixo para fora ou mesmo indo trabalhar todos os dias. Fazer o que você tem que fazer para sobreviver significa apenas realizar seu trabalho e prevenir a dor. É o esperado, e não causará nenhuma movimentação em sua vida.

Para tornar alguma coisa uma parte de quem você é, é preciso ir além do que é esperado. Você precisa sentir um forte entusiasmo por algo na vida para fazer mais do que o mínimo requerido. É essa paixão que produz autenticidade e constrói sua identidade.

Muito em breve você terá terminado de ler este livro. Sugiro que volte ao final do Capítulo 1, em que fez inicialmente o *brainstorming* da sua lista de metas. Agora, refaça sua lista levando em conta as coisas na vida que o deixam entusiasmado. Pense a respeito de *expandir* seu negócio ou carreira, *fortalecer* seus relacionamentos importantes, tornar as coisas que você ama uma parte maior de sua vida — qualquer coisa que o ajude a vivenciar o movimento. Pense em tornar as coisas melhores, porque é isso que os líderes fazem. A paixão necessária para conduzir sua própria vida é a mesma necessária para liderar uma organização, um departamento ou uma equipe. A pessoa que é capaz de buscar as próprias metas e valores merece ser seguida por outros, assim como alguém que não consegue fazer isso *carece* da habilidade de liderar os outros com eficácia.

Viver sem metas significa viver sem sentir paixão por nada, e isso só conduzirá ao esgotamento. Trabalhar em prol da criação é o que acaba com o esgotamento e a competição.

Se estiver buscando o ganho, você não se ressentirá nem terá inveja das metas ou da movimentação na vida de outras pessoas; estará, ao contrário, profundamente concentrado na própria jornada. Emoções prejudiciais como a competição, o ressentimento ou a inveja serão substituídas pela energia e pelo senso de realização que discutimos no Capítulo 4. Na realidade, seus relacionamentos tenderão a *melhorar*, porque você não sentirá a necessidade de torcer contra outras pessoas; estará concentrado em torcer *por si mesmo*. Uma vez que esteja *liderando* sua vida em vez de apenas *administrando-a*, você será capaz também de conduzir melhor seus relacionamentos. Será capaz de celebrar as realizações e o crescimento de outras pessoas, porque vai estar seguro de quem é e de para onde está indo.

NÃO PENSE A RESPEITO. APENAS *FAÇA*!

Suas metas não serão uma parte de quem você é enquanto não fizer alguma coisa a respeito delas. Elas são meras *intenções* enquanto não figuram na sua agenda. A agenda é a força que o instigará a agir motivado por elas e trabalhar rumo aos resultados que elas produzirão. A agenda é a ferramenta simples de que precisamos para começar a tornar nossas intenções uma realidade.

Isso não precisa acontecer rápido, e com frequência *não acontece*. Afinal de contas, quase todas as coisas recompensadoras levam algum tempo para ser alcançadas. Existe apenas uma meta no fundo da sua mente, na qual você está trabalhando? Lide somente com uma meta de cada vez; isso é perfeitamente aceitável. Pense nela hoje, e depois *faça* alguma coisa a respeito dela hoje. Coloque-a na sua agenda e continue a agir motivado por ela a partir do dia seguinte. Antes que se dê conta, você estará a caminho de alcançá-la, e como será sua vida então? Aposto que melhor do que ela é hoje. E é nisso que consiste o ganho!

Você conhece pessoas que administraram tão mal a própria vida que chegaram ao ponto de odiar tudo o que faz parte dela? Elas se sentem aprisionadas em ciclos de situações infelizes no trabalho, em dívidas esmagadoras, relacionamentos disfuncionais e até mesmo com problemas de saúde causados pelo estresse ou agravados por ele? As pessoas nessa situação sentem que tudo é um "ter que fazer". Elas dizem coisas como: "Não estou no controle da minha vida!" ou "Preciso de um salário!" ou "Simplesmente não tenho escolhas!" Elas sentem que não têm nenhum controle. O esgotamento e o estresse governam a vida delas, e elas se encontram em um ponto baixo de motivação e produtividade.

Mas até mesmo aqueles que se encontram nesse estado desalentador têm escolhas e podem dar a volta por cima. Já vi pessoas nessa situação fazerem progresso e trabalharem para melhorar a própria vida ao assumir a responsabilidade pelas escolhas que as conduziram à situação em que se encontram, tomando a decisão de buscar o ganho e se comprometendo com isso.

Pense em qualquer coisa. Pode ser uma pequena meta de curto prazo que possa melhorar sua vida, até mesmo algo aparentemente insignificante como organizar sua sala no trabalho. Em seguida, programe uma pequena meta de consumo para quando tiver terminado essa tarefa. Diga: "Vou organizar minha sala para começar a encontrar as coisas que procuro e depois vou dar um passeio com um amigo na hora do almoço". Ou então: "Esta noite vou aprender a usar aquele novo programa de computador para que eu possa tornar meu trabalho um pouco mais fácil; depois, vou relaxar e assistir a um filme antes de ir para a cama". Estar no controle dessa pequena situação fará com que você queira buscar *mais* controle. Em consequência, programe um horário entre as tarefas de prevenção da dor para melhorar outra coisa amanhã, e em seguida depois de amanhã, e assim por diante. Com o tempo, você verá uma mudança, uma maneira de sair da rotina, mesmo começando com uma meta bem pequena.

O tempo continuará a avançar, e sua vida acontecerá quer a planeje, dirija e avalie as consequências das suas decisões ou não. Como você decidirá o que fazer quando surgirem escolhas importantes? Depois que tiver identificado metas e prioridades que deseja fazerem parte de sua vida, você será capaz de se concentrar no rumo que deseja tomar. E saber qual é esse rumo o ajudará a tomar decisões e escolher caminhos que o levarão até lá.

Existem coisas que você *tem que* fazer na vida e coisas que você *não tem que* fazer. Na realidade, as coisas mais importantes e agradáveis — como a felicidade, a realização, o aprimoramento e a liderança — estão todas na lista do *não ter que* fazer. Ninguém o considerará responsável por elas. Você precisa *querê-las*, esforçar-se para consegui-las e merecê-las a fim de obtê-las. Ter um equilíbrio adequado na sua vida entre o que você "tem que fazer" e o que você "não tem que fazer" — entre ganho e prevenção da dor — é a maneira de encerrar cada dia se sentindo equilibrado e satisfeito com seu esforço. Além disso, é claro, isso exige modificar suas prioridades visando resultados.

VOCÊ TRABALHA DEMAIS PARA NÃO OBTER OS GRANDES RESULTADOS QUE MERECE

Algumas perguntas sempre parecem subsistir: Quando isto vence? A quem eu tenho que entregar? O que acontecerá se eu não o fizer? As respostas a essas perguntas determinam predominantemente como as pessoas decidem usar o próprio tempo. O problema é que elas estão centradas *no outro*. Elas deixam *a si*, e o que querem, completamente fora da equação. Você já ouviu alguém fazer um pedido do cardápio do restaurante que o levou a pensar: "Com todas essas excelentes opções, ele foi escolher logo *isso*? Eu nunca teria feito essa escolha!" Os outros frequentemente não fazem as mesmas escolhas que faríamos em certa situação. Eles decididamente não farão as mesmas escolhas que você faria para sua carreira ou futuro. Se você deixar seu tempo nas mãos deles e usar essas perguntas centradas no outro como critério para as suas decisões, com certeza vai evitar a dor, mas isso é *tudo* o que você fará. Talvez você nunca chegue ao que deseja fazer.

Nós não experimentamos o melhor que a vida tem a nos oferecer como pessoas quando estamos constantemente centrados nos outros, a ponto de reprimir nossa própria identidade. Com rapidez nos cansamos de pensar no que as outras pessoas querem e precisam que façamos, no que nós temos que fazer, no que nós nos metemos e no que temos que fazer para cair fora. O que acontece se pensarmos nessas coisas durante mais ou menos uma década? Ter um esgotamento, enfrentar uma crise de meia-idade, ficar deprimido e cair na rotina são possibilidades bastante desagradáveis.

Se tudo o que estiver fazendo for executar tarefas de prevenção da dor, você acabará a semana no mesmo lugar onde começou, semana após semana. Você não merece melhores resultados?

Você trabalha demais apenas para prevenir a dor, dia após dia. Seus esforços são grandes demais para que você seja encontrado no final da semana, do mês ou do *ano* exatamente onde estava antes. Você trabalha demais para não obter a movimentação e os resultados significativos que procedem do ganho. Você trabalha demais para tomar decisões que não produzem melhores resultados para a sua vida e seu futuro. Você *merece* esses resultados, e merece também ver o ganho na sua vida em vez de apenas prevenir a dor, dia após dia.

Se pudermos modificar nossos critérios e priorizar os resultados em vez dos prazos finais, poderemos começar a avançar rumo aos resultados provenientes do ganho e experimentá-los. Ainda teremos que pagar as contas e executar as tarefas de prevenção da dor? Sem dúvida. Mas, quando terminarmos a semana depois de ter trabalhado tão arduamente, teremos uma pequena movimentação, uma pequena melhora e um pequeno progresso rumo a uma vida melhor. É nisso que consiste a satisfação com os seus esforços.

Uma vez que você se torne mais capaz de priorizar as suas decisões e as suas ações, você obterá melhores resultados. Se conseguir fazer sua vida progredir um pouco a cada semana, começará a se sentir equilibrado. Você poderá começar a *liderar* em vez de apenas *administrar* as coisas.

Sirva de inspiração — para si mesmo e para os outros. Seja a pessoa para quem os outros olham e se perguntam: "O que devo fazer para que minha vida seja assim?" Depois diga a eles o que fazer! Escolha e se comprometa com o ganho, equilibre, priorize, planeje e obtenha energia do desejo em vez do medo. Dedique-se a se tornar organizado, a obter resultados significativos de seu tempo e esforço, a liderar em vez de apenas administrar, a melhorar em vez de apenas manter o *status quo* e a avançar em vez de permanecer onde você está.

Faça isso por si mesmo *e* pelas pessoas à sua volta, porque a melhor coisa que você pode fazer pelas pessoas na sua vida é tomar boas decisões que lhe garantam não acabar em uma rotina de prevenção da dor.

Todo mundo tem que tomar a mesma decisão todos os dias: "Como vou passar as próximas 24 horas que me foram concedidas e tirar o melhor proveito delas?" Portanto, decida-se. Decida em que vai usar o tempo com base nos resultados que isso produzirá. *Decida* fazer sua vida progredir!

Terminar a leitura deste livro é a sua tarefa de ganho para hoje. Você *não tinha que fazer* isso, mas espero que esteja satisfeito por tê-lo feito. Desejo-lhe muita sorte e sucesso em qualquer ganho que decida buscar.

E não se esqueça de levar o lixo para fora!

Notas

CAPÍTULO 2   A DECISÃO É SUA: EVITE O ESGOTAMENTO E CRIE EQUILÍBRIO

1. YWCA, "Beauty at Any Cost, a YWCA Report on the Consequences of America's Beauty Obsession on Women & Girls", Washington DC, agosto de 2008.
2. M. D. Hurd, P. Martorell, A. Delavande, K. J. Mullen e K. M. Langa, "Monetary Costs of Dementia in the United States", *New England Journal of Medicine* 368, nº 14 (2013), pp. 1326-334
3. Walter F. Stewart, Judith A. Ricci, Elsbeth Chee, Steven R. Hahn e David Morganstein, "Cost of Lost Productive Work Time among US Workers with Depression", *Journal of the American Medical Association* 289, nº 23 (2003).
4. Teresa Amabile e Steven Kramer, *The Progress Principle* (Boston: Harvard Business Review Press, 2011).

CAPÍTULO 4   ENERGIA E MOTIVAÇÃO: DECIDA COMO VOCÊ VAI OBTÊ-LAS

1. Jeroen Nawijn, Miquelle A. Marchand, Ruut Veenhoven e Ad J. Vingerhoets, "Vacationers Happier, But Most Not Happier after a Holiday", *Applied Research in Quality of Life* 5, nº 1 (2010).

2. Elaine D. Eaker, Joan Pinsky e William P. Castelli, "Myocardial Infarction and Coronary Death among Women: Psychosocial Predictors from a 20 Year Follow-Up of Women in the Framingham Study", *American Journal of Epidemiology* 135, nº 8 (1992).

CAPÍTULO 7   ADMINISTRAÇÃO DE INTERRUPÇÕES

1. Jonathon B. Spira e Joshua Feintuch, "The Cost of Not Paying Attention: How Interruptions Impact Knowledge Worker Productivity", Basex, Inc., 2005.
2. Simone Stumpf, Margaret Burnett, Thomas G. Dietterich, Kevin Johnsrude e Jonathan Herlocker, "Recovery from Interruptions: Knowledge Workers' Strategies, Failures and Envisioned Solutions", Oregon State University Technical Report #cs05–10–03.

CAPÍTULO 8   COMO ADMINISTRAR TUDO: IMPLEMENTAÇÃO DA ADMINISTRAÇÃO DO TEMPO

1. C. A. Thorn, H. Atallah, M. Howe e A. M. Graybiel, "Differential Dynamics of Activity Changes in Dorsolateral and Dorsomedial Striatal Loops During Learning", McGovern Institute for Brain Research, Massachusetts Institute of Technology (MIT), junho de 2010.

Agradecimentos

Muitas pessoas tornaram este projeto possível e administrável do começo ao fim.

Agradeço a Adrianna Johnson da John Wiley & Sons, Inc., por ter me "descoberto" no *Wall Street Journal* e possibilitado que iniciássemos esta jornada, e também por acreditar em minha mensagem e capacidade.

Obrigado a Sean Melvin por nos ter ajudado a ligar os pontos e oferecer uma orientação inicial.

Obrigado a Cynthia Zigmund pela sua experiência e conselhos.

Agradeço a Carolyn Monaco e Alicia Simons da Monaco & Associates pela experiência em marketing, por seu compromisso com o sucesso de *O Poder da Decisão* e pela sua amizade.

Obrigado ao meu sobrinho, Jay McClatchy, pela genialidade, talento, longas horas de dedicação, trabalho árduo, lealdade, apoio e interminável paciência.

Obrigado a Anna Drummey, Ph.D., pela sua competência e conselhos sobre o assunto.

Sou grato a Christine Moore da John Wiley & Sons, Inc., pelas suas habilidades na preparação do original, bem como por seu apoio e estímulo.

Obrigado a Matt Holt da John Wiley & Sons, Inc., por decidir aceitar este projeto e reunir todos os elementos.

Obrigado a Erin Van Belle pelo apoio, paciência, incentivo, integridade e amizade. Suas exímias habilidades administrativas e de gestão de crises são insuperáveis.

Sou grato a Lindsay Durfee e a RP/RP por promover minhas ideias no mundo da mídia impressa.

Obrigado a David Hartmann e a Scott Ulrich da D2S Designs pela excelente interpretação da nossa arte de bonecos palito e diagramas desenhados a lápis. Seu talento e visão são extraordinários.

Agradeço à minha esposa, *ghost-writer* e parceira nos negócios e na vida, Lynn Shableski McClatchy, por ter apoiado este projeto, sem reservas e desde o início, e pelos longos meses que passou escrevendo e fazendo pesquisas, pela incansável busca da excelência e pelo seu dom de pôr minhas ideias em frases. Não existem palavras que possam captar o que você significa para mim. Obrigado por decidir passar sua vida comigo e ser a espinha dorsal e o coração de nossa família.

Agradeço aos meus filhos: Grace, Amy, Kyle e Kelly, pela curiosidade a respeito deste projeto, pela avidez em celebrar os momentos importantes comigo, pelo apoio e estímulo, e pela inabalável confiança de que tudo o que eu faço é para vocês. Meu amor por vocês está além das palavras.

Sou grato à minha mãe, Kay, e ao meu falecido pai, Jay McClatchy, por uma infância que nunca poderia ser reproduzida, um lar que era repleto de vida, vínculos familiares que jamais foram rompidos, lições que nunca serão esquecidas, uma ética de trabalho que sempre me será útil, uma fé que nunca será abalada, o exemplo de amor incondicional que moldou minha vida, além do apoio e das preces desde o início. Sobretudo, obrigado por não terem parado no dez.

Obrigado à minha sogra, Jackie Shableski, pelo seu apoio e preces, bem como pelo seu empenho em não deixar que nossa família perdesse o ritmo durante o tempo em que passei escrevendo este livro. Sem sua ajuda, jamais poderíamos ter empreendido este projeto ou chegado no horário ao treino de futebol. Palavras não conseguem expressar a gratidão que sentimos pela maneira como você enriqueceu nossa família. Já passamos do ponto no qual poderíamos um dia retribuir sua bondade, e, como já disse antes, só podemos prometer compensar tudo o que você fez beneficiando nossos netos no futuro.

Agradeço à minha família e amigos, especialmente: MaryKate e Bill; Sally e Ted; Joe e MaryPat; Tom; Michael e Christine; Jim e Nan; John; Billy; Elisa; Rick e Cindy; Vince e Beth; Ellen; Michelle e Sid; David e MaryKay; Sally e Brett; Sam e Sally; Bob e Nancy; Peter e Suzanne; Lisa; Max; Steve e Michelle; Chris e Michele; Pat e Liz; Jay, Jack, Caroline, Tom, Liz e Katie; Paul e Gerry;

Greg e Debbie; Artie e Lisa; Raz e Julie; e Jerry e Shannon. Obrigado por compartilharem nossos desafios, esforços e entusiasmo à medida que este projeto ia progredindo. Obrigado por acreditarem em mim e oferecerem estímulo ao longo do caminho. Nossa vida foi enriquecida pela amizade e pelo companheirismo de vocês. Lynn e eu nos sentimos orgulhosos e abençoados por chamar todos vocês de nossa família e nossos amigos.

Sobre a Alleer Training e o trabalho de consultoria com os clientes

A Alleer Training and Consulting é uma organização de treinamento e palestras de nível internacional que oferece discursos programáticos e apresentações em período parcial e integral nas áreas de liderança, administração do tempo, habilidades de comunicação, resolução de conflitos e venda consultiva.

Visite www.alleer.com para examinar a impressionante lista de clientes da Alleer, depoimentos, vídeos de discursos programáticos e programas de treinamento, ou para se inscrever em uma apresentação que esteja com as inscrições abertas.

Para verificar como a Alleer pode ser um recurso para suas necessidades de treinamento e desenvolvimento, entre em contato conosco:

info@alleer.com
(1) (610) 407–4092
Siga Steve no Twitter: @stevemcclatchy.

INTRODUZINDO A NOVA TÔNICA DE
O PODER DA DECISÃO

O que molda os resultados, a carreira e a vida dos líderes? As decisões que eles tomam. Os critérios que todos usamos para tomar decisões determinam nosso desempenho — nossa eficácia como líderes. Excelentes hábitos de tomada de decisão produzem uma vida de realizações e sucesso. Os maus hábitos nos mantêm estressados, frustrados e eternamente desequilibrados.

O Poder da Decisão mostra aos líderes de todos os níveis, e àqueles que almejam sê-lo, que temos mais controle do que frequentemente percebemos sobre nosso trabalho e nossa vida, e discute como tomar decisões que nos façam progredir nessas duas esferas. Ele propicia às pessoas as ferramentas de que precisam para:

- Concentrar-se nos resultados e nos verdadeiros propulsores do desempenho.
- Recuperar o planejamento crítico e o tempo pessoal.
- Aumentar substancialmente o envolvimento com o trabalho e a vida pessoal.

Essa tônica é altamente revigorante, repleta de humor, discernimento e paixão, e resulta, sistematicamente, em progressos mensuráveis no desempenho e na produtividade, em mais satisfação no local de trabalho e maior envolvimento por parte dos funcionários.

Para saber mais a respeito de oportunidades de palestras com Steve, visite www.Alleer.com ou telefone para (1) (610) 407-4092.

Próximos Lançamentos

Para receber informações sobre os lançamentos da
Editora Cultrix, basta cadastrar-se
no site: www.editoracultrix.com.br

Para enviar seus comentários sobre este livro,
visite o site www.editoracultrix.com.br ou
mande um e-mail para atendimento@editoracultrix.com.br